日本人にとって
干支とは何か

東洋の科学「十干・十二支」の謎を解く

Takemitsu Makoto
武光 誠

KAWADE夢新書

装幀◉こやまたかこ
十二支の象形文字◉鄭高詠著『中国の十二支動物誌』(白帝社)
より転載[本文の67p、69p、73p、75p、79p、
81p、85p、87p、91p、93p、97p、99p]
図版作成◉アルファヴィル
協力◉緒上 鏡

日本人にとって干支とは何か　目次

第2章　古代の中国人は、どのように十二支の動物を選んだか

独特の動物観が見えてくる

第3章 渡来した十二支は、日本の動物信仰といかに交ざったか

中国にない行事、風習ができたわけ

第４章 神や仏と結びつく中で十二支信仰は生まれた

寺社の勢力拡大と動物の神格化

第5章 十二支の受容と広まりを日本史からたどる

柔軟に姿を変え、占いとして定着

序章

干支と12動物について私たちは何も知らない

1 日本人の暮らしに溶け込んだ十二支

年賀状、縁起物に欠かせない十二支の動物

今年は2020年で令和2年の子年《ねどし》（鼠年《ねずみ》）になる。

このように現在の日本では、三つの年代の数え方が用いられている。一つめは西暦による表記、二つめは元号《げんごう》（年号《ねんごう》）を用いる表記、三つめは十二支による表記だ。

この中の西暦は、カトリック教会が広めた世界共通の表記とすべき暦《こよみ》（カレンダー）である。イスラム暦を用いるイスラム圏の国々のように、西暦と異なる年の数え方をするところもあるが、西暦は現在では多くの国で用いられている。これは、欧米の強国が世界各地に植民地を拡大した19世紀末の帝国主義の時代に、西暦が世界に広まったためである。なお、西暦は、ローマ教会の司祭で神学者であるディオニシウス・エクシグウスによって、525年につくられたものだ。

これに対する元号は、天皇が定める形式をとる日本独自の紀年法である。現在では昭和の次は平成、平成の後は令和という形で、天皇の代替わりごとに元号が変更される。しか

し、明治維新より前は、1人の天皇の代に何度も改元《かいげん》（元号を変えること）がなされるのがふつうであった。

十二支とは子（鼠）に始まり、亥《い》（猪《いのしし》）に終わる12の動物の名前を用いて特定の年を表わすものである。これは子から始まり、最後の亥のあとに再び子がくる形で、12年ごとに巡っていく。この十二支は、11の実在の動物と、辰《たつ》（龍）という架空の生き物から成っている。

図①
十二支の順番

1	子	ね／シ
2	丑	うし／チュウ
3	寅	とら／イン
4	卯	う／ボウ
5	辰	たつ／シン
6	巳	み／シ
7	午	うま／ゴ
8	未	ひつじ／ビ・ミ
9	申	さる／シン
10	酉	とり／ユウ
11	戌	いぬ／ジュツ
12	亥	い／ガイ

今でも日本の大部分の人は、「子年生まれ」とか「丑《うし》年生まれ」という形で、自分の生まれ年の十二支を知っている。この生まれ年の十二支は、性格診断などの占いに広く用いられてもいる（図⑱・51頁）。

年末が近くなると、次の年の十二支にちなんだ意匠（デザイン）の品物が、あちこちで見られるようになる。子年には鼠の、丑年には牛の置き物を飾ったり、掛け軸を掛けたりすると幸運が訪れるとされるからだ。

また日本各地には、十二支の動物を象《かたど》った郷土玩具《がんぐ》があり、縁起物としてもてはやされている。子年には金沢市の「米喰《く》い鼠」や滋賀県東近江《ひがしおうみ》市の「小槌《こづち》乗り鼠」が、丑年には会津若松《あいづわかまつ》市の「赤《あか》べこ」や岩手県花巻市の「金《きん》べこ」が店頭に並ぶ。

明治時代半ば頃（20世紀初め）からの年賀状の広まりも、十二支を人びとの身近なものにした。年の暮れが近づくと、十二支を描いた年賀切手が発行される。そして正月には、知人からその年の十二支の動物をさまざまな形であしらった年賀葉書が送られてくる。

このように考えていくと、十二支が現在の私たちの生活に欠かせないものであることがわかってくる。

十二支関連の多様な習俗が見られるわけ

江戸時代までの日本人は、旧暦で定めた月日と十二支とを組み合わせた暦《こよみ》にもとづいて生活していた。しかし明治初年（１８７２）に、旧暦に代わって新暦が採用された（旧暦の明治5年12月3日を新暦の明治6年1月1日とした）。こののち、十二支の役割はじわじわと後退していく。それでも日本人の多くは現在まで、十二支の動物たちに愛着を持ち続けた。

日本には十二支にまつわる神事、仏事や習俗が多く見られる。それらには中国の行事をまねてつくられたものと、日本で独自につくられたものとがある。

たとえば大鳥《おおとり》（鷲）神社では、11月の酉《とり》の日に商売繁昌を願う「酉の市」が開かれる。各地の稲荷神社では、2月の初めの午《うま》の日に、豊作祈願や養蚕の繁栄を願う賑やかな「初午《はつうま》」の神事が行なわれる。巳《み》の日は弁財天の縁日で、各地の弁財天が招福を願う参詣者でにぎわう。

また和菓子には、四季の移り変わりに合わせて季節にちなんだ多様な意匠のものがあるが、それらの中には十二支の習俗と関わる菓子も少なくない。たとえば、十五夜の行事に付き物の月見団子は、月の中にいる兎神《うさぎがみ》への供え物だともいわれる。秋に猪子餅《いのこもち》という和菓子が作られるが、それは旧暦10月の初亥《はつい》の日に山の神に捧げる供え物から起こった。

十二支にまつわる俗信や諺《ことわざ》も、多く存在する。

十干《じっかん》（図②・17頁）の丙《ヘイ》は、日本では「火の兄《ひのえ》」と呼ばれる。この丙と十二支の午《うま》との組み合わせである「丙午《ひのえうま》」の年に関して、「丙午の女性は夫を食い殺す」という俗信がある。これによって、丙午に当たる昭和41年（１９６６）の出生率が大きく低下した。

株の売買を行なう相場師の間では「1年の株価の動きは、その年の十二支によって決まる」という説がまことしやかに語られている。「卯跳《うさぎは》ねる」といえば、卯年に株価が大きく上がることをさすものだ。

このような十二支にまつわるさまざまな習俗は、本来は、古代中国でつくられた十二支の暦法からくるものであった。しかし日本には、それとは別に、鼠、兎《うさぎ》などの動物を神使《しんし》（神の使い）とする動物信仰があった。そのため、中国の十二支の考えが日本に入ってきたあと、十二支と日本の動物信仰が習合《しゅうごう》した。習合とは、さまざまな宗教の神々や教義などの一部が混同、ないしは同一視されることをいう。

このあたりのことを正確につかむために、まずは中国古代の十二支について知っておく必要がある。

❷十二支のルーツは古代中国の経験科学

本来の十二支＝「えと」は、時間の質を知る目安

十二支は、古い時代の中国でつくられた。そして本来の十二支は、甲、乙に始まる十干と切り離せないものであった。

図②
十干の順番

1	甲 きのえ／コウ
2	乙 きのと／オツ
3	丙 ひのえ／ヘイ
4	丁 ひのと／テイ
5	戊 つちのえ／ボ
6	己 つちのと／キ
7	庚 かのえ／コウ
8	辛 かのと／シン
9	壬 みずのえ／ジン
10	癸 みずのと／キ

この十干と十二支の組み合わせは、「陰陽《いんよう》五《ご》行説《ぎょうせつ》」と呼ばれる中国独自の自然科学の体系のもとで用いられた、指標の一つである。

陰陽五行説の起源はきわめて古い。詳しくは第1章で説明するが、中国では遅くとも殷《いん》朝《ちょう》（紀元前16世紀頃〜紀元前11世紀頃）の時代（殷代）までに、占術を行なう知識人の間で、十干と十二支とを組み合わせた暦が用いられていた。

殷の時代には、獣骨を焼いて骨に入るヒビによって吉凶を占う骨卜《こつぼく》が盛んに行なわれていた。殷朝の都であった殷墟《いんきょ》の遺跡（河南省安陽《あんよう》市）からは、この骨卜に用いられた卜骨《ぼっこつ》が多く出土している。そこに書かれた甲骨文字の中に、十干十二支で表示した日付がいくつ

図③　六十干支表（数字は干支が巡る順番）

1	甲子 きのえね	11	甲戌 きのえいぬ	21	甲申 きのえさる	31	甲午 きのえうま	41	甲辰 きのえたつ	51	甲寅 きのえとら
2	乙丑 きのとうし	12	乙亥 きのとい	22	乙酉 きのととり	32	乙未 きのとひつじ	42	乙巳 きのとみ	52	乙卯 きのとう
3	丙寅 ひのえとら	13	丙子 ひのえね	23	丙戌 ひのえいぬ	33	丙申 ひのえさる	43	丙午 ひのえうま	53	丙辰 ひのえたつ
4	丁卯 ひのとう	14	丁丑 ひのとうし	24	丁亥 ひのとい	34	丁酉 ひのととり	44	丁未 ひのとひつじ	54	丁巳 ひのとみ
5	戊辰 つちのえたつ	15	戊寅 つちのえとら	25	戊子 つちのえね	35	戊戌 つちのえいぬ	45	戊申 つちのえさる	55	戊午 つちのえうま
6	己巳 つちのとみ	16	己卯 つちのとう	26	己丑 つちのとうし	36	己亥 つちのとい	46	己酉 つちのととり	56	己未 つちのとひつじ
7	庚午 かのえうま	17	庚辰 かのえたつ	27	庚寅 かのえとら	37	庚子 かのえね	47	庚戌 かのえいぬ	57	庚申 かのえさる
8	辛未 かのとひつじ	18	辛巳 かのとみ	28	辛卯 かのとう	38	辛丑 かのとうし	48	辛亥 かのとい	58	辛酉 かのととり
9	壬申 みずのえさる	19	壬午 みずのえうま	29	壬辰 みずのえたつ	39	壬寅 みずのえとら	49	壬子 みずのえね	59	壬戌 みずのえいぬ
10	癸酉 みずのととり	20	癸未 みずのとひつじ	30	癸巳 みずのとみ	40	癸卯 みずのとう	50	癸丑 みずのとうし	60	癸亥 みずのとい

●奇数の干支…「陽の十干」と「陽の十二支」の組み合わせ（□）
●偶数の干支…「陰の十干」と「陰の十二支」の組み合わせ（▒）

も見られる。その一例を示そう。
「乙酉卜。大貞。及㆓茲二月㆒、有㆓大雨㆒（乙酉に卜《うらな》う。大［＝占術師の名前］貞《と》う。茲《ここ》二月《ふたつき》に及び、大雨有るや）」

これは乙酉《オツユウ》の日に大という者が、2か月以内に大雨があるか否かを占ったものである。

殷代の暦は、個々の年を甲子《カッシ》の年、乙丑《イッチュウ》の年などと名づけるものだった。それとともに個々の日ごとに甲子の日、乙丑の日としていく形がとられた。十干と十二支は定期的に巡るので、甲子の年や日の次には乙丑の年や日がきた。そして、最初の甲子の年や日の60年後と60日後に、次の甲子がくることになっていた（図③）。十干と十二支とを組み合わせたものを干支《かんし》（えと）という。干支を用いる陰陽五行説は、次のような考えをとっていた。

「時間には、それぞれ独自の『質』がある」

陰陽五行説を学ぶ知識人は、干支を、1年や1日といった一定の期間の時間の質を知る目安として用いた。そのため、子の年の気（力）を受けた子年生まれの人は「鋭い直感をもつ」といわれ、丑年生まれの者は「忍耐強く勤勉」とされたのである（図⑱・51頁）。

さらに十二支に関する知識を広めるために、古代中国の占術師が、十二支を表わす文字を特定の動物と結びつけた。鋭い直感をもつ者を鼠、勤勉な者を牛にたとえたのだ。紀元前3世紀の秦朝《しんちょう》の時代までには、十二支が特定の動物と結びついていたと考えられている。

しかし古代の中国人と日本人とでは、鼠、牛など個々の動物に関するイメージやとらえ方が微妙に異なっていた。そのあたりのことは、第2章、第3章で詳しく説明していこう。

モンゴル帝国が、中国発の十二支を広めた

陰陽五行説による占術は、いくつもの要素が絡んだ複雑な形をとっていた。そのため、

陰陽五行説の中の動物と結びついたわかりやすい十二支占いだけが、いちはやく広まった。中国周辺の国々に、陰陽五行説から派生した「十二支占術」だけが普及していったのだ。

日本では平安時代後半頃から、密教僧《みっきょうそう》、修験者《しゅげんじゃ》、陰陽師《おんみょうじ》などによって、武士や上流農民といった知識層に十二支占術の知識が伝えられた。それとともに、誰もが暦や時刻制度を介して十二支の名前を知ることになる。さらに江戸時代には、民間の占術師や伊勢神宮の御師《おんし》（参詣者を案内し、参拝・宿泊などの世話をする者）の活躍を通して、庶民が日常的に十二支占術を用いはじめた。

十二支を受け入れた中国周辺の国の人が、もとの十二支の動物を、自分たちが好む動物に置き換えた例もある。

ベトナムでは十二支の牛が水牛に、兎が猫に、羊が山羊《やぎ》になっている。インドでは、鶏がガルダという巨大な鳥の姿をしたヒンドゥー教の神に変えられた。またアラビアでは、龍がワニになっている（図④）。

十二支は、ヨーロッパや中近東にまで広がった。現代のロシアでは、殷の時代にロシアに十二支が伝わったといわれている。しかし実際は、13世紀以降、モンゴル人が世界各地に十二支を広めたらしい。

図④　国別の十二支の動物

	中国	日本	韓国	タイ	ベトナム	モンゴル	インド	アラビア	ロシア	ベラルーシ
子	鼠	鼠	鼠	鼠	鼠	鼠	鼠	鼠	鼠	鼠
丑	牛	牛	牛	牛	水牛	牛	牛	牛	牛	牛
寅	虎	虎	虎	虎	虎	豹・虎	虎	虎	虎	虎
卯	兎	兎	兎	猫	猫	兎	兎	兎	兎・猫	兎・猫
辰	龍・パンダ	龍	龍	龍	龍	龍	龍	ワニ	龍	龍
巳	蛇	蛇	蛇	蛇	蛇	蛇	蛇	蛇	蛇	蛇
午	馬	馬	馬	馬	馬	馬	馬	馬	馬	馬
未	羊	羊	羊	山羊	山羊	羊	羊	羊	羊・山羊	羊
申	猿	猿	猿	猿	猿	猿	猿	猿	猿	猿
酉	鶏	鶏	鶏	鶏	鶏	鶏	ガルダ	鶏	鶏	鶏
戌	犬	犬	犬	犬	犬	犬	犬	犬	犬	犬
亥	豚	猪	豚	豚	豚	豚	豚	豚	豚	豚

　モンゴル帝国から分かれたキプチャク・カン国（1243～1502年）は、ロシアにまで領地を広め、同じくモンゴル帝国の流れをくむイル・カン国は中近東を支配した。これらのモンゴル系の国は中国の多様な文化を西方に持ち込んだが、十二支もそういったもののの一つであったらしい。

日本の十二支はハイブリッド

ところで、日本の十二支に関する信仰や習俗を調べていくと、それらが二つの要素が混じり合ってできたものであることがわかってくる。日本の十二支に関する信仰や習俗は、①中国の陰陽五行説にもとづくものと、②日本独自の動物信仰が由来のものに分けられるのだ。実はここに、日本の十二支の特性を読み解くカギがあると、私は思う。

十二支の動物は、日本では他の十二支が広がった国々よりはるかに愛されてきた。これは、蛇や兎などの十二支のいくつかが、日本で古くから動物神として親しまれていたことからくるものだ。十二支が中国から伝わったあと、日本の動物信仰にない牛や虎も信仰の対象となっていった。

しかし、これまでに出された十二支関連の書物には、この二つの区別が明確にされていない。そのため本書では、十二支の陰陽五行説に由来する部分と、日本の動物信仰に由来する部分とを明示する形で書き進める形をとった。

次章では、さまざまな民族に広まった十二支のルーツとなる、陰陽五行説について解説していこう。

第1章

そもそも干支とは何か、なぜ「60」で一巡りなのか

十干も十二支も「陰陽五行説」が基本

❶ 十干と十二支とを組み合わせたものが「えと」

独自の性質をもつ個々の十干、十二支

十二支占術は、「陰陽五行説《いんようごぎょうせつ》」という奥深い体系をもつ中国独自の「経験科学」から派生したものである。この「経験科学」とは、次のように説明すべき概念である。

「過去の出来事をもとに、未来を推測するための理論」

「夕焼けが見えた日の翌日は晴れる」といった諺《ことわざ》は、「経験科学」をふまえてつくられたものだ。歴史学では、ヨーロッパから近代科学が広まる前に、すべての民族がこの「経験科学」によって生活していたと考えられている。近代科学以前の中国人は、すべての物事を「陰・陽」と「木《もく》・火《か》・土《ど》・金《ごん》・水《すい》」の五行のはたらきに絡めて解釈してきた。

現在の日本では、その年の十二支のことを「えと」と呼ぶことも多い。しかし中国の「干支」と書く「えと」という言葉は、十干《じっかん》と十二支との組み合わせをさすものであった。甲《コウ》、乙《オツ》から始まる10個の指標が十干で、子《ね》、丑《うし》を先頭とした12の指標が十二支である。

陰陽五行説では、十干と十二支の一つ一つが、「陰陽」と五行との組み合わせから成る

図⑤　十干十二支と五行の関係

十干

五行	陽	陰
木	申《きのえ》	乙《きのと》
火	丙《ひのえ》	丁《ひのと》
土	戊《つちのえ》	己《つちのと》
金	庚《かのえ》	辛《かのと》
水	壬《みずのえ》	癸《みずのと》

十二支

五行	陽	陰
木	寅	卯
火	午	巳
土	辰・戌	丑・未
金	申	酉
水	子	亥

独自の性質をもつとされていた。たとえば、十干の甲《きのえ》は「木《もく》」の「陽」で、十二支の子《ね》は「水《すい》」の「陽」になる（図⑤）。この陰陽五行説については、すぐ後で詳しく説明しよう。

日本の旧暦は、太陽や月の運行という大宇宙の動きにもとづいて定められたものである。古代中国の知識人は、陰陽五行説によってこう考えていた。

「暦（旧暦）で表示された個別の時間には、独自の性質がある」

そして、そのような「時間の性質」の中に、1年ごと、1日ごとに変化するものと、ひと月ごとに移り変わっていくものがあるとされた。これは人間をとりまく自然界が、太陽や月の動きによって刻々と変わっていくという想定からくる。

これまで説明したような陰陽五行説の考えをふまえて、

十干と十二支がつくられた。干支は、ある年の特性およびある日の特性をつかむ目安である。中国では、すべての年、すべての日は、大宇宙の動きを示したその日の十干の性質と、十二支の性質とを併せ持つとされた。

そのため、すべての年と月に、甲子《きのえね》、乙丑《きのとうし》といった十干と十二支との組み合わせ（干支）が付された。この干支は、暦（旧暦）と切り離せないものとして扱われてきた。

六十干支が表わす60の時間の性質

18ページの図③に示したように、十干と十二支とをその順番に従って組み合わせていくと、甲子から癸亥《みずのとい》までの60通りになる。これを六十干支《ろくじゆつかんし》というが、そこでは必ず「陽」の十干が「陽」の十二支、「陰」の十干が「陰」の十二支と結びつく形になる。

このような六十干支が、個々の年、個々の日の「時間の性質」を決定すると考えられたのだ。

甲子の年は、甲の「木」の「陽」と子の「水」の「陽」とを合わせた性質をもつ。そして60年めに、癸の「水」の「陰」と亥の「水」の「陰」とが重複した年がくる。そのあと、61年めに再び甲子の年が訪れるというのである。

最初に陰陽と五行の循環を示す十干がつくられた

「物事は10日単位、10年単位に循環する（一巡りして最後は最初のものに戻る）」

十干は、このように説く説をもとにつくられた。それは、最初に五行の「木」の陽なるもの、次に「木」の陰なるものがきて、そのあと「火」の陽になるとする発想をふまえたものである。

このように考えていくと、最後に五行の終わりの「水」の陰なるものが訪れ、ついで最初の「木」の陽がくる。つまり、陰陽と五行が10を単位に一巡りすることになるのだ（図⑤・25頁）。

このような十干が示す一巡りの時間の質は、種蒔《ま》きから収穫にいたる流れに対応するものとされた。そのために、その流れを象徴する10個の漢字が選ばれて、個々の十干の名称とされた（図⑥・29頁）。

五行の中の陽なるものは兄《あに》とされ、陰なるものは弟《おとうと》と考えられた。そのため、陰陽の目安である十干と十二支との組み合わせが、日本で「兄と弟」、つまり「兄弟《えと》」と呼ばれたのである。

古い時代の中国に、両手の指を1本ずつ折り曲げて日数を数える習慣があったと推測できる。この習慣から、物事が10日で一巡するという発想が生じた。そして一組みとされた10日間は「旬《じゅん》」とされた。

この旬が3回巡る期間と、月の満ち欠けの期間がほぼ一致した。そのため、ひと月の最初の10日が「上旬」、次の10日が「中旬」、最後の10日が「下旬」と呼ばれるようになった。中国にはひと月を10日ごとに上元《じょうげん》、中元《ちゅうげん》、下元《かげん》と表記する用法もある。

さらにこの「旬」の日数が、うまい具合に、五行をそれぞれ陰陽に二分した10という数と一致した。そこから、

「物事は10日で循環する」

という発想が生まれた。そして十干による日付の表示がつくられ、

「甲の日は木の陽の性質をもつ」

といった主張が展開されていった。

十干の起源は、きわめて古い。「はるか昔の中国で十干がつくられた」としか表現しようがないのだ。後で説明するような「陰陽説」と「五行説」は、中国文化と切り離せないものである。

最初の中国文明とされる黄河文明の誕生は、紀元前5000年頃とされている。そして

図⑥　十干別の時間の性質

十干	時間の性質	漢字の意味
甲	草木の種子が厚い皮をかぶっている状態	甲は「鎧《よろい》」
乙	若い芽が伸びる前の曲がった状態	乙は「軋《きし》る」
丙	草木が成長してその形が明らかになる状態	丙は「炳《あき》らか」
丁	草木の形態が充実した状態	丁は「壮《そう》」と同義
戊	草木が繁茂した状態	戊は「茂る」
己	草木が繁茂したうえ、その条理が整った状態	巳は「紀《のり》」
庚	草木が成熟して行き詰まった状態	庚は「更《あらた》まる」(新しいものを求めること)
辛	草木が枯死して新しくなろうとすること	辛は「新《あらた》」と同義
壬	草木の種子が妊《はら》まれること	壬は「妊《はらむ》」
癸	種子の中の生命がはかれるほど成長した状態	癸は「揆《はか》る」

その後間もなく、素朴な「陰陽説」と「五行説」がつくられたとみてよい。そこからそう遠くない時期に、十干が使われはじめた可能性もある。

そうすると十干の起源は、紀元前４０００年代あたりに遡《さかのぼ》るのかもしれない（図⑦）。

このような十干は、十二支より以前につくられていたと考えてよい。そのため中国で暦《こよみ》が整えられたとき、十干が十二支の前に置かれた。そのあと、十干と十二支との組み合わせを目安に特定の年や日の「時間の性質」を探る、干支を用いた占術が整えられた。このとき、十干を十二支より重んじる形の「干支《かんし》」という言葉が使われることになったと推測できる。次に、十二支の起源を考えよう。

❷ 十二支の起源を探る

12か月循環説から生まれた十二支

現在の新暦で1年は12か月とされているが、旧暦でも、ほぼ12か月が1年になる。月が12回満ち欠けする期間が、地球が太陽を一周する時間とおおむね一致しているからだ。

古い時代の中国人は、このことに自然界の不思議な法則を感じた。そしてそこから、

図⑦　陰陽五行説の発展

大まかな年代	出来事
前5000年頃	黄河文明の誕生
前4000年代	陰陽説 五行説 十干 十二支 の原形ができる
殷代 （前16世紀頃〜前11世紀頃）	干支で日付を表記した卜骨が作られる
西周代 （前11世紀頃〜前771年）	十二支が方位と結びつく
戦国時代 （前403〜前221年）	鄒衍が陰陽五行説を唱える 鄒衍が五行相剋説を唱える （紀元前300年代）
秦代 （前221〜前206年）	十二支が動物と結びつく （現在のものと多少異なる）
前漢代 （前202〜後8年）	陰陽五行説が儒学と結びついて広まる（紀元前2世紀以後）
	五行相生説が生まれる （紀元前1世紀末頃）
	十二支による時刻の表示が作られる（紀元前1世紀末頃）
後漢代（25〜220年）	多くの陰陽家が活躍する （2世紀頃）

「物事は12日、12か月、12年を単位に一巡りする（循環する）」という発想が生まれた。

十干で表記される10日、10年循環説があったところに、新たに12日、12か月、12年循環説が加わったのである。このとき、古代中国の知識人は、それらの一方が正しく、もう一方が誤っているとしなかった。彼らは、柔軟にこう考えたのだ。

「自然界には、10を一区切りとして一巡りする要素も、12を一区切りとして循環する要素もある」

古代の中国の暦では、旧暦の11月に当たる冬の盛りの月が1年の始まりとされていた（図⑧）。そのため十二支が示す時間の性質は、ひと月ごとの自然界のありさまに対応すると考えられた。そこで、月ごとの自然を示す漢字が十二支の表記に用いられることになった。

最初の月である、冬の盛りの旧暦11月は「種子の中で新しい生命が萌《も》えはじめる時間」である。だから、その月は「子《シ》」と表記された（図⑨・35頁）。

それに続く、旧暦12月の性質が「芽が種子の内部で絡み合った状態」である。そのため、その月は「丑《チユウ》」になった。そして、春の初めの旧暦1月は種子が芽生える時間なので、その月の名は「草木が発生すること」を意味する「寅《イン》」とされた。

このような十二支に対応する12か月と季節の推移をもとに、十二支と五行との関係が定められた。「五行説」では春は「木」、夏は「火」、秋は「金」、冬は「水」になる。そして「土」は、古いものを退去させて新たなものを生み出す五行だとされる。

そのために、春、夏、秋、冬の終わりの月の十二支（丑、辰、未、戌）が「土」とされ、それ以外の十二支が季節に応じた五行に当てられた。それとともに「陰陽の交代」の考えから、最初の子が「陽」で、次の丑が「陰」、そして再び寅で「陽」になるとされた（図

図⑧　十二支と春夏秋冬

冬（水《すい》）	10月〈亥〉
	11月〈子〉＝1年の始まり
	12月〈丑〉……土用《どよう》を含む
春（木《もく》）	1月〈寅〉
	2月〈卯〉
	3月〈辰〉……土用を含む
夏（火《か》）	4月〈巳〉
	5月〈午〉
	6月〈未〉……土用を含む
秋（金《ごん》）	7月〈申〉
	8月〈酉〉
	9月〈戌〉……土用を含む

⑤・25頁）。

すでにおわかりのように、「子」「丑」などの十二支を表わす漢字は本来は「鼠」「牛」などの動物とまったく関係のない文字であった。

十二支は、十干ができてからそれほど遠くない時期につくられたと考えてよい。そうすると、十干も十二支も、紀元前４００年代に出揃《そろ》っていたことになる。

そして長きにわたって、

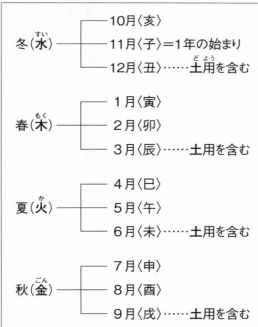

十干は十二支よりはるかに重んじられていたとみられる。ところが、紀元前3世紀頃に、十二支と木星の動きが対応することを示す「太歳紀年法《たいさいきねんほう》」が広まった。このことによって、十二支は十干と同列に扱われるようになっていく。

木星の観測が十二支の権威を高めた

天動説にもとづく近代以前の天文学は、占星術に近い学問だった。夜空の星を観測することで季節の変化を予測したり、個人の運命を探ったりするものであったのだ。

天動説にたつ天文学は、星空を、暗い空に一定の形に星を並べた「天球《てんきゅう》」としてとらえた。地上からは、地球が約1日で回転（自転）するので、天球がほぼ1日で1回転するように見える。そして太陽や月は、天球上を東から西へ移動する。

ところが、そのような天球は、毎月少しずつずれていく。そして約1年のちに、同じ組み合わせの星座が現われることになる。

天球のすべての星は恒星《こうせい》と惑星《わくせい》に分けられる。恒星の天球上の相対的な位置は原則として変わらないが、天球には、さまざまな星座の間を行き来する〝特別に明るい星〟がいくつかあった。

図⑨　十二支の時間の性質

十二支	時間の性質	漢字の意味
亥	万物の生命が種子の中に内蔵される	亥は閡《とじ》るで、閉じこもること
戌	草木が枯れて滅ぶ	戌は滅びゆくこと
酉	硬くなった果実が縮んでいく	酉は緧《ちぢ》む
申	熟《う》れた果実が硬くなっていく	申は呻《うめ》くで、固まっていくこと
未	草木が熟れて滋味《じみ》が生じる	未は味わい
午	万物に衰微の傾向が現われる	午は忤《さから》うで、衰微《すいび》を表わす
巳	万物が繁盛の極みにある状態	已《や》む。成長が終わること
辰	草木が伸長する	辰は振《ふる》う
卯	草木が地面を覆う	4本の草木が生える状態
寅	草木が発生する	寅は螾《うご》く。草木の発芽を表わす
丑	芽が種子の中で絡み合った状態	丑は紐《ひも》で、絡むこと
子	種子の中で生命が萌えはじめる	子は孳《ふえ》るで、新しい生命の誕生

　それらは、あちこち惑って移動する「惑星」と名づけられた。古代天文学の時代には、水星、金星、火星、木星、土星の「五惑星」が知られていた。

　殷代（紀元前16世紀頃～紀元前11世紀頃）には、五惑星の中の木星は「歳星《さいせい》」と呼ばれていた。地球からは、この歳星（木星）が、約12年で天球の中を西から東に一周するように見えたため、天球が歳星の移動にもとづいて12に区分された。この区分は「十二次《じゅうにじ》」と呼ばれる。そしてその十二次の一つ一つに、子、丑などの十二支の名称が付けられた。

しかし天球上の木星は、天球上を太陽や月とは逆に、見かけ上の西から東へと巡っている。このことが、時間と星の動きとの関連の計算に不便であった。そのために、古代中国の天文学者は「太歳《たいさい》」という目に見えない仮の星を設けた。

この太歳を、歳星と反対の方向に巡らせたのである。だから太歳は、太陽や月と同じく東から西に時計回りに天球上を移動する。

歳星は丑から出発して、子、亥と天球を巡って12年で天球を一周している。だから目に見えない太歳は、寅から出て卯、辰と巡り12年めに丑にくると考えられた。

そうなると歳星と太歳は、未と申の間ですれ違うことになる（図⑩）。歳星にもとづく年の数え方を「歳星紀年法《さいせいきねんほう》」と呼ぶが、これができたのちに「十二次」が「十二辰《じゅうにしん》」と呼ばれるようになった。歳星紀年法がいつつくられたかは明らかではない。しかし、中国の戦国時代後半（紀元前3世紀初め）には、歳星紀年法を改良した太歳を基準とする「太歳紀年法」が使われていた。

図⑩　最初の十二辰と太歳、歳星の動き（概念図）

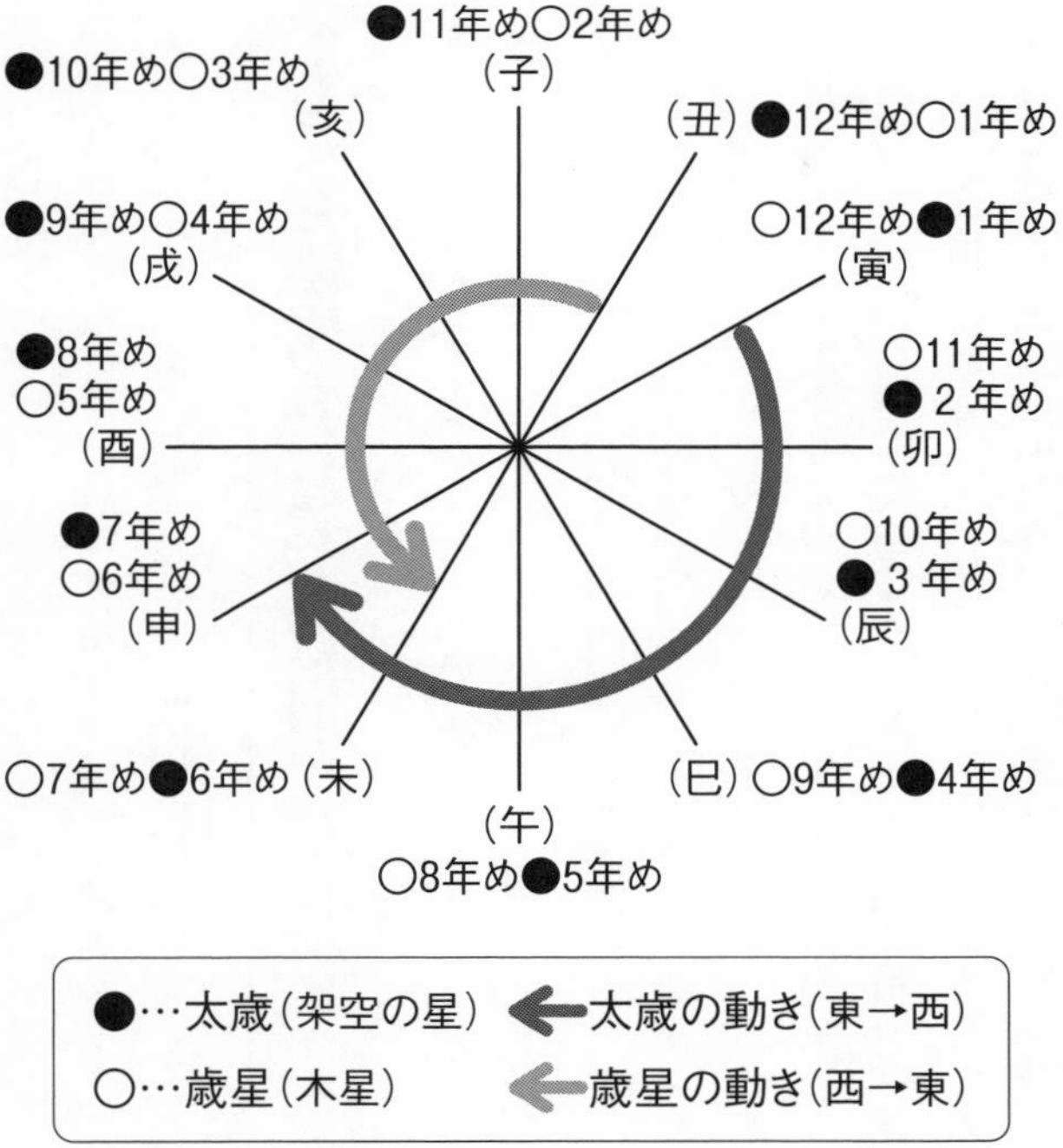

　そして間もなく、12年循環説が太歳の動きに合わせて修正された。紀元前3世紀前半頃に太歳が子の位置にある年を子年とする天球の区分がつくられている。

　厳密にいえば、木星は11・86年で天球を一周する。しかしそのあと、11・86年と12年の間の誤差の修正は行なわれなかった。そのため現在では、12年で一巡する形の十二支は、実際の木星の移動とずれた形になっている。

太歳紀年法ができたあと太歳は神格化され、中国天文学で「特別に尊い星」として扱われた。次項では、十二支の根拠とされた陰陽五行説についてみていこう。

❸そもそも陰陽五行説とは何か

古代中国の精霊崇拝から生まれた「気」という概念

日本の占術師たちは、「陰陽説《いんよう》」と「五行説《ごぎょう》」とを一体のものとして「陰陽五行説」としてとらえてきた。日本の十二支占術は、日本独自のものである。それは平安時代にできた、陰陽五行説をふまえた陰陽道《おんみようどう》（図⑪）の展開の中で発展した占術と評価できる。

しかし「陰陽説」と「五行説」は、本来は別物であった。しかしそれらの起源は、まだ明らかではない。そのあたりについていくつかの説が出されてはいるが、どれも不確かなものにすぎない。一つの推測であるが、私は、中国の精霊崇拝が発展する中で、紀元前4000年代に「陰陽説」と「五行説」がつくられたと考えている。

精霊崇拝とは文化人類学の概念で、次のようなものである。

図⑪　陰陽五行説と陰陽道

陰陽五行説	陰陽と五行の循環によって、自然界の動きを考察する経験科学
陰陽道	陰陽五行説と密教、修験道、民間信仰などを融合させた日本独自の占術

「この世界には多くの精霊がおり、あらゆる物事は精霊の力によって営まれている」

それゆえ古い時代には、どの民族でも多数の精霊の存在が信じられてきた。精霊たちが力を合わせて雨を降らせたり、風を吹かせたりして、自然界のさまざまな動きを整えていると考えられていたのだ。そして人間や動植物の体には、精霊の世界からきた1個の精霊（霊魂）が宿っているとされた（図⑫・41頁）。

あらゆる生き物は、この霊魂（精霊）の力で成長する。そして生き物が死ぬと、霊魂は精霊の世界に帰っていくとされた。このような霊魂は、人間の良心のもとだとされた。この霊魂のはたらきによって、人間は欲望のままに生きるのではなく、良心に従って社会生活を送ることができるとされたのだ。

こうした精霊崇拝が発展していく中で、東洋では次のような哲学的思考が生じてきた。

「すべての人間は、自然界を運営する精霊の集団と一体のものである」

バラモン教の聖職者（バラモン）がひらいた古代インドのウパニシャッド哲学には、仏典で「梵我一如《ぼんがいちじょ》」と表現された考え方がある。それは、宇宙の最高の真理であるブラフマン（梵）と、個々の人間であるアートマン（我）とを一体であると主張するものだ（図⑬・43頁）。

中国の陰陽五行説や、東洋医学（漢方医学）で用いる「気《き》」という言葉がある。それは、次のような意味のものだと説明されている。

「天地間を満たし、宇宙を構成する基本と考えられるもの。および、そのおおもととされるものの力やはたらき」

私は、古代中国の精霊崇拝の発展の中で、精霊たちのはたらきが「気《き》」と表現されるようになったと考えている（図⑭・45頁）。

「陰陽説」は「陰」と「陽」は「気」だという。また「五行説」も「木《もく》」「火《か》」「土《ど》」「金《ごん》」「水《すい》」の「五行」が「気」だと説明している。

そして、東洋医学は「人体の『気』の流れが正常である状態」が健康であると説く。だから病気の治療は、気の流れを正常に戻すことが目的とされる。「気功」とは文字どおり、気の力によって病気を治す行為である。

図⑫　精霊崇拝

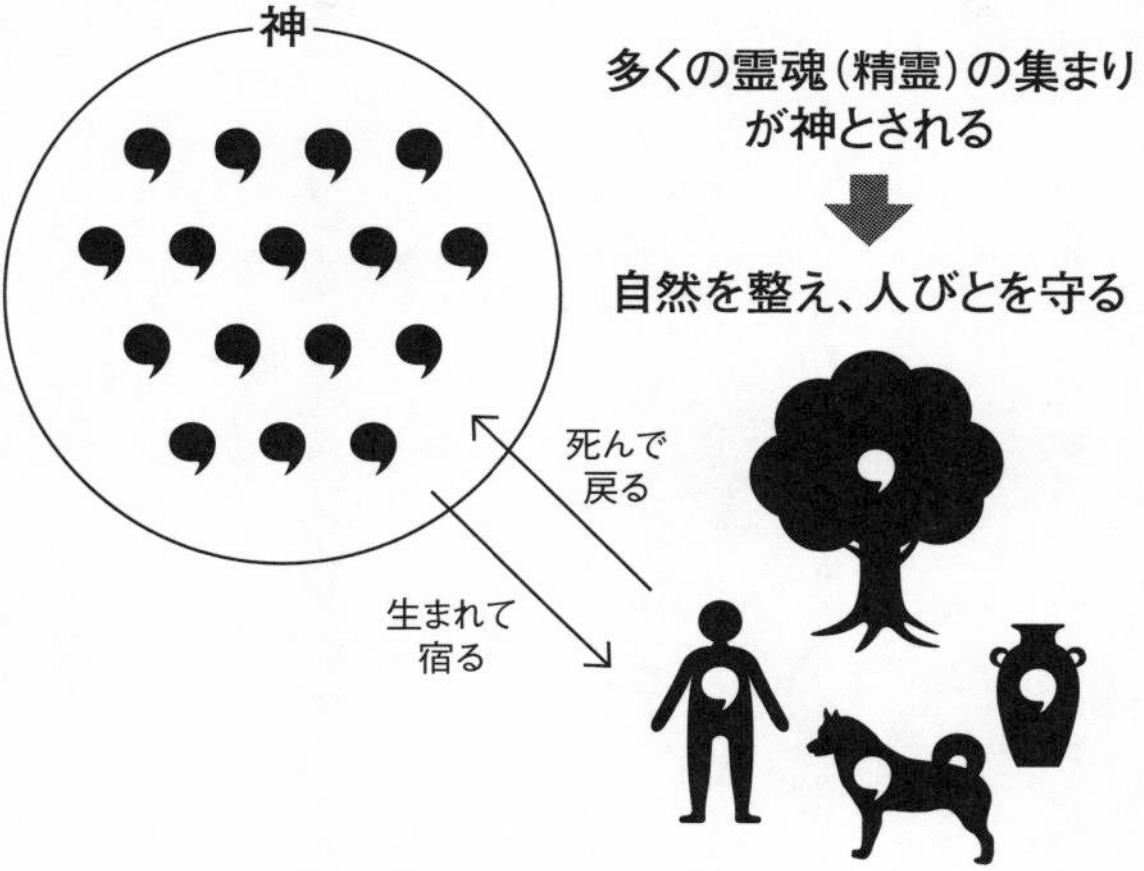

人間、動物、植物が生まれ、道具が作られると、それを守る霊魂がやってくる。生き物が死んだり道具が壊れたりすると、霊魂は神々の世界へ帰っていく。

「陰陽五行説」から生じた「風水」は「土地に良い『気』の流れを呼び込むこと」が重要だと説いている。

弥生時代（紀元前10世紀〜紀元後3世紀初め）の日本では、ブラフマン（梵）や「気」に相当するものが「神」と呼ばれたと考えられる。村落などの一つの地域を守る霊魂の集団が神であった。古代日本では、そのような神は、一つの地域に住む人びとの祖先の霊魂を中心とする多くの精霊の集まりだと考えられた。そして、神が治める土地に住むすべての人間は神とつながっており、神と同じ清らかな心をもつと説かれたのである。

多くの精霊の働きが、陰陽と五行の流れをつくる

文化人類学では、すべての民族がきわめて古い時代に、精霊崇拝の考えをとっていたとされる。この精霊崇拝は、あらゆるものを神として祀《まつ》るものであった。

そしてそのような精霊崇拝をもとに、民族ごとに独自の宗教がつくられた。精霊崇拝をもとに、多様な神を祀る多神教を生み出した民族も多い。これに対して、ヘブライ人（イスラエル人、ユダヤ人）は早い時期に多神教に代わって一神教を採用した。

日本では6世紀に、単なる弥生時代風の「土地の守り神」に代わる、天照大神《あまてらすおおみかみ》のような個性的な神格をもつ神の祭祀が始められた。これによって新たにさまざまな神が生み出され、今日の神道《しんとう》に連なる多神教がつくられていった。

一方、中国では、黄河文明が発生して間もない時期（紀元前4000年代）あたりから、「気」の動向をつかむ営みが始まった。それによって、素朴な陰陽説や五行説が深められていったと推測できる。しかし古い時代のことなので、そのあたりの事情を正確に伝える史料は残っていない。

西周代《せいしゅうだい》（紀元前11世紀頃［前1027年頃という説あり］〜紀元前771年）のものとされる『書経《しょきょう》』の中に、「五行」に関する最も古い記述が見える。そして紀元前6世紀の『春《しゅん》

秋《じゅう》左《さ》氏《し》伝《でん》』（『左《さ》伝《でん》』）には、陰陽の交代についての記事がある。
しかし、『書経』や『左伝』の時代には、すでに五行説も陰陽説も、かなり深められた内容のものになっていた。

図⑬　「梵我一如」と弥生時代の祖霊信仰

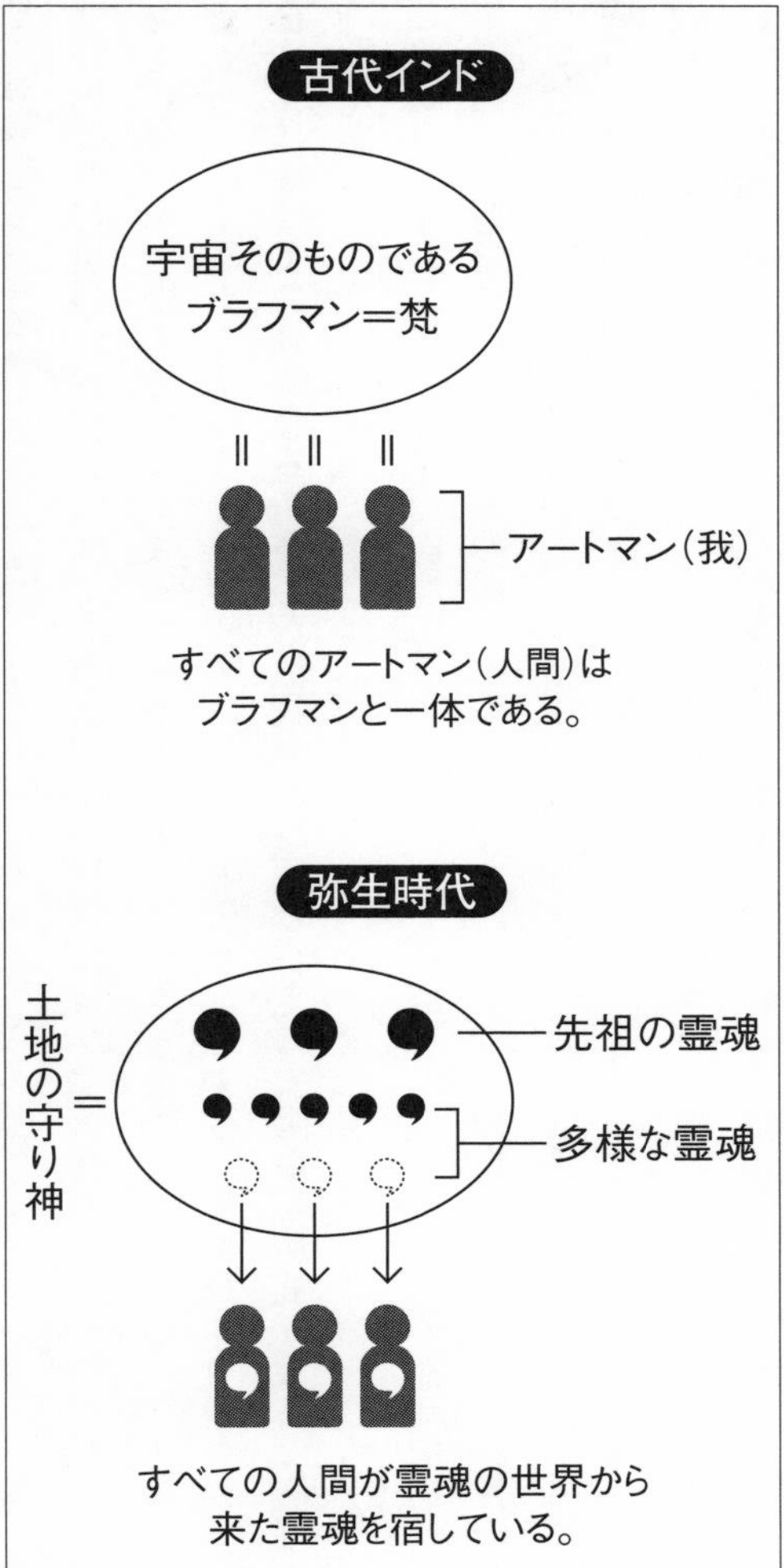
古代インド
宇宙そのものである
ブラフマン＝梵
アートマン（我）
すべてのアートマン（人間）は
ブラフマンと一体である。
弥生時代
土地の守り神
先祖の霊魂
多様な霊魂
すべての人間が霊魂の世界から
来た霊魂を宿している。

もとは別物だった「陰陽説」と「五行説」

陰陽説と五行説のおおもとには、次のような発想があった。

「精霊の集団のはたらきによって、陰陽や五行の交代が起きる」

だから「陰陽説」を次のように解釈すると、その言わんとすることがわかってくる。

「自然界には、主に『陰なる精霊』が活躍する時期と、主に『陽なる精霊』たちが活躍する時期がある」

このように想定したうえで、「陰」なるものと「陽」なるものが、ほどよく揃《そろ》っていれば物事が健全に運営されるとするのが「陰陽説」である。すべての物事は「陽」なるものと「陰」なるものから成っており、明るいもの、澄んだもの、軽いものが「陽」で、その反対の暗いもの、濁《にご》ったもの、重いものは「陰」だとされた(図⑮)。

太陽は「陽」で、月は「陰」になる。また奇数が「陽」で、偶数が「陰」になる。太陽が地上を照らす昼のあとには、月が輝く夜がある。陽数の「1」の次に、陰数の「2」がきて、その次に陽数の「3」になる。

「気」と表現される自然界の精霊は、陰陽説では「陰」の性格をもつものの集団と、「陽」の性格の集団とにほぼ二分されている。そして、「陰」の集団の力が増す時期と「陽」の集

図⑭　気と陰陽五行

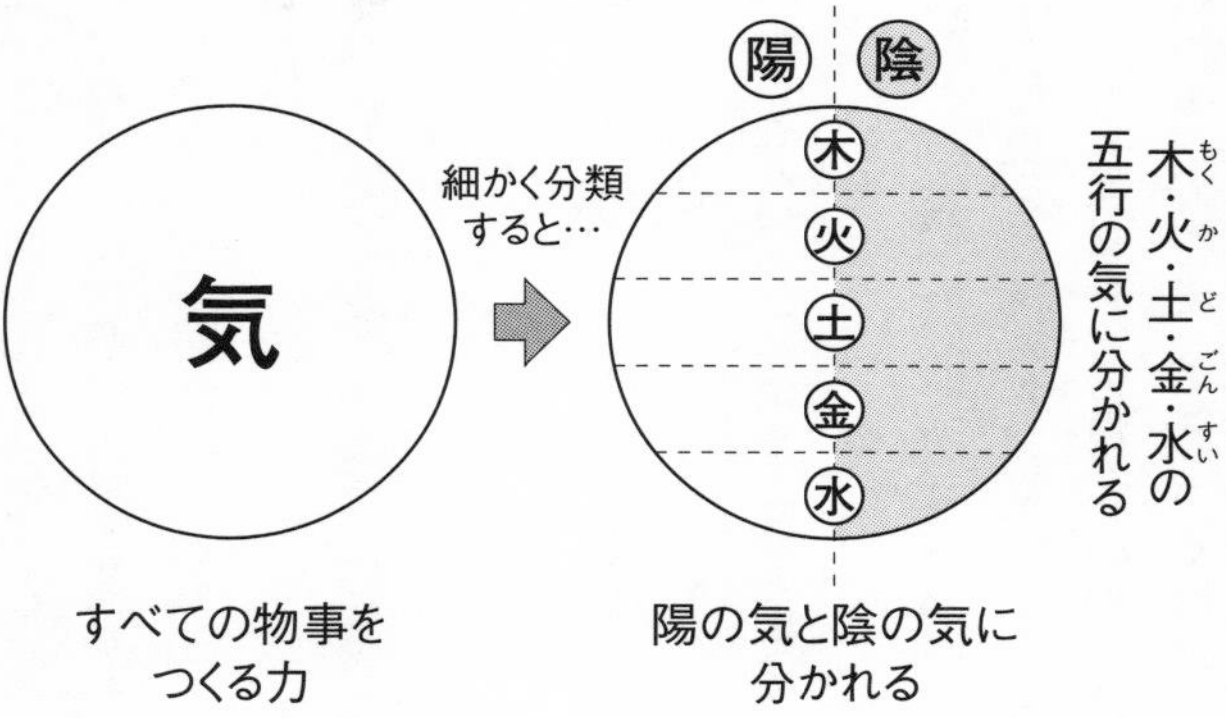

図⑮　陰陽の区分の例

区分	天体	数字	人間	野菜
陰	月（太陰）	偶数	女性	葉菜
陽	太陽	奇数	男性	根菜

団の力が増す時期とが、一定の法則に従って交代に訪れる。「陰陽説」は、このように説くものである。

もう一方の「五行説」は、「気」に属する精霊の集団を五つに分けるものである。五行の「木《もく》」「火《か》」「土《ど》」「金《ごん》」「水《すい》」は精霊の集団を表わす仮の符号のようなものであり、それは現実の木《き》や火《ひ》ではなく、図⑯（47頁）に示したような事柄を起こす目に見えない「力」を表わしている。

「五行」と表現される「気」も、一定の法則に従って交代するとされた。

五行のはたらきが自然界を動かすとする「五行説」の考えにたてば、このようになる。

「多くのギンナンが秋にイチョウの木から地表に落ちるが、そのギンナンの中の『木』の精霊が宿ったものだけから、新たなイチョウが芽生える」

それにしても、このように別物とされた「陰陽説」と「五行説」が、なぜ結びついたのだろうか。

❹十二支に、鼠、牛などの動物が結びつく

陰陽説と五行説を一つにまとめた学者・鄒衍

前に記したように、私は、紀元前4000年代に十干ができ、それに続けて十二支が誕生したと考えている。それは陰陽・五行の流れを「10日、10年循環説」と「12日、12か月、12年循環説」と絡めて、説明する営みからつくられた。

そして殷代に当たる紀元前16世紀頃から、干支を用いた暦が広まっていった。しかし「陰陽説」も「五行説」も、古くは別々の学問として扱われていた。そのうえ、それらの知識

図⑯　五行説の例

五行	木	火	土	金	水
五畜	羊	鶏	牛	犬	豚
五穀	麦	菽《まめ》	稗《ひえ》	麻	黍《きび》
五色	青・蒼	朱・赤	黄	白	黒・玄
五臓	脾	肺	心	肝	腎
五味	酸味	苦味	甘味	辛味	鹹《かん》味（塩辛い）
五方位	東	南	中央	西	北

※吉野裕子『陰陽五行と日本の民俗』（人文書院）を参照した

は限られた知識人の独占物であった。

このような陰陽説や五行説は、近代科学につらなる西洋の科学とは、まったく異なる論理によって組み立てられた「東洋の経験科学」と呼ぶべきものである。

これに対して、ギリシア哲学の弁証法に始まる西洋の科学は、ただ一つの正しい真理を求める営みとして深められてきた。そのため弁証法では、一つの仮説を唱える者と、それと正反対の仮説を唱える者との論争を通じて、より正しい仮説を見つける手法がとられた。

アメリカの学校などで盛んに行なわれるディベートは、現代版のギリシアの弁証法と呼ぶべきものである。

これに対して、東洋の経験科学は「多様な法則が共存できる」とする考えにたつものであった。学者たちは、どの法則が正しく、どの法則が誤っているかといった問題には深入りしなかった。誰かが自分の経験から、一つの法則を唱える。そしてそれを信じる者は法則を活用して生活し、そうでない者はそれを無視する。長期にわたって、このような営みが積み重ねられていったのである。

そしてより多くの人間の支持を受けたものだけが、有力な法則として後世に伝えられた。こういった学問のあり方から、陰陽説や五行説に、十干、十二支をはじめとする多くの法則が併存することになったのである。

前に述べたように、中国の学問では、時間の「質」が重んじられてきた。だから十二支の12年周期説をとる者は、子年には何が起こり、丑年には何が起こったといった例を数多く集める手法をとった。それをもとに、子年、丑年などの時間の性質を探る学説が深められていったのである。

戦国時代後半に鄒衍《すうえん》という学者が出た。彼の詳しい伝記は明らかではないが、鄒衍は紀元前300年代半ば、もしくは末に、山東半島あたりにあった斉朝《せい》に仕えていたといわれる。当時の中国は「戦国の七雄《しちゆう》」と呼ばれる秦《しん》、斉《せい》、燕《えん》、楚《そ》、韓《かん》、魏《ぎ》、趙《ちょう》の七つの有力な王朝に分割して支配されており、斉朝はそれらの中の一つであった。

この鄒衍が、紀元前4000年代から積み上げられた多様な陰陽説、五行説の成果を合わせた、陰陽五行説をつくり上げた。

中国の春秋《しゅんじゅう》時代から戦国時代にかけて（紀元前770〜紀元前221年）、諸子百家《しょしひゃっか》という多様な思想家や学派が生み出された。孔子《こうし》に始まる儒家《じゅか》や老子《ろうし》などの道家《どうか》は、その代表的なものである。中国では、後世に大きな影響を与えた鄒衍も、そのような諸子百家の中の一つである陰陽家《いんようか》として扱われている。

秦代に十二支に当てはまる12の動物が出揃った

鄒衍はもとは陰陽説の学者であったが、そこに五行説を取り込んで、初めて陰陽五行説を完成させた。このような鄒衍の出現をきっかけに「陰陽五行説」の名称が生まれ、その説が急速に発展していったのである。

陰陽五行説には、「木」「火」「土」「金」「水」の間の相性《あいしょう》に関する「相生説《そうしょうせつ》」と「相剋説《そうこくせつ》」が見られる（図⑰・50頁）。

相生説は「木」が「火」を生じる（生む）というような形で、五行の相性の良い組み合わせを挙げたもの。そして相剋説は、「木」が「土」を剋《こく》する（損なう）という形の相性の悪いものの組み合わせである。十二支占術の相性は、この相生説と相剋説にもとづいたものだ（212頁）。

図⑰　五行相生説と五行相剋説

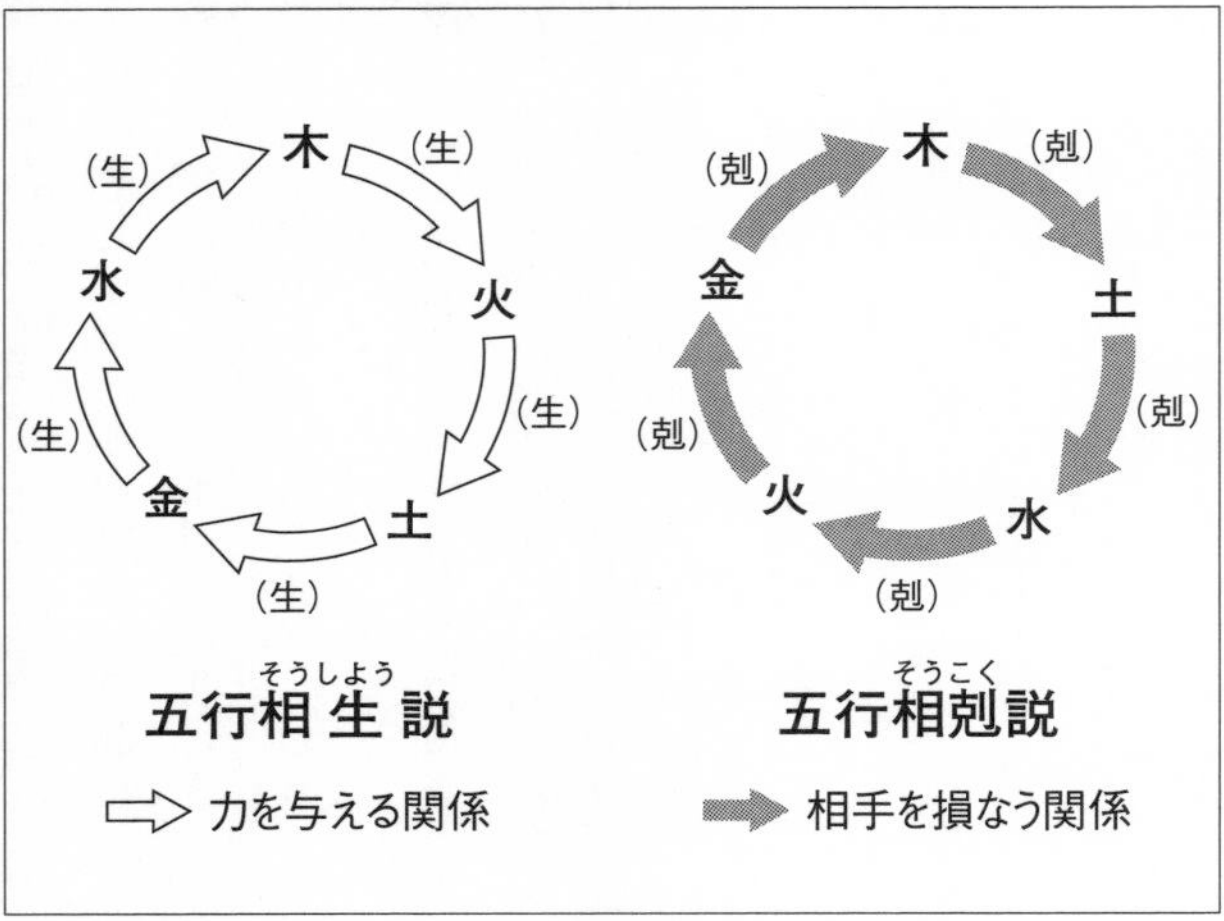

五行の相剋説は相生説（詳しくは52頁）が出される前にできたものだが、最初に相剋説を唱えたのが鄒衍だといわれる。

そして陰陽五行説の研究が進む中で、子年、丑年といった個々の十二支の年に生まれた人間の気質に、共通した特性があることが明らかになっていった。そのため、前に記した十二支の時間の性質（図⑨・35頁）をふまえた、次のような主張が広まることになった（図⑱）。

「新たな生命が萌《も》え始める子年生まれの人は、社会に新しい動きをもたらす、鋭い直感力をもつ人間である」

このような十二支占術を世に広めるため、子年生まれ、丑年生まれなどの人びとの気質を象徴する鼠、牛など12の動物が選ばれたの

図⑱　十二支による性格

子年（鼠）	ユーモアがあり、鋭い直感力をもつ
丑年（牛）	忍耐強く勤勉
寅年（虎）	勇気と冒険心をもつ
卯年（兎）	品がよく用心深い
辰年（辰）	ロマンチストで完璧主義者
巳年（蛇）	聡明で人をひきつける
午年（馬）	行動的で陽気
未年（羊）	平和を愛し夢見がち
申年（猿）	頭の切れの良い弁舌家
酉年（鶏）	几帳面でプライドが高い
戌年（犬）	忠誠心に厚く正直
亥年（猪）	一本気で何でも最後までやり遂げる

である。

1975年、中国の湖北《こほく》省の睡虎地秦墓《すいこちしんぼ》と呼ばれる秦《しん》代の墓地から、『日書《にっしょ》』という占術書が出土した。「書」といっても、これは紙ではなく、竹の薄い板である竹簡《ちっかん》に記されたものである。その中に、次のような記述があった。

「子鼠也。丑牛也。寅虎也。卯兎也。辰（原文欠落）。巳虫也。午鹿也。未馬也。申環（サメか？）也。酉水（水鳥か？）也。戌老羊也。亥豕《ぶた》也」

現在の十二支と異なる内容もあるが、この竹簡の出土によって、紀元前3世紀の秦代に十二支に動物を当てる学説があったことが明らかになった。

十二支が、時刻や方位の吉凶を占う目安に

さらに時代がくだると、陰陽五行説は儒学者・董仲舒《とうちゅうじょ》（紀元前176?〜紀元前104?年）の活躍によって、官学である儒学と結びつく。そのため陰陽五行説は、知識人の間に急速に広まった。

そのあと、後漢の歴代皇帝が陰陽の術を奨励したので、後漢代後半にはすぐれた陰陽家が多く出た。当時の陰陽五行説を用いた占術家は「方術師《ほうじゅつし》」と呼ばれていた。後漢末、董《とう》扶《ふ》という方術師が劉備《りゅうび》による蜀《しょく》朝の成立を予言し、その予言が1年後（221年）に実現したという記録もある。

前漢代から後漢代にかけて、陰陽五行説にたつ占術は大きく発展した。前漢代に当たる紀元前1世紀半ばに、本来は別物であった「易《えき》」と陰陽五行説が結びつけられたことによって、十二支占術が大きく深化したのだ。

同じく前漢代の紀元前1世紀末に、劉向《りゅうきょう》、劉歆《りゅうきん》父子が相性の良い五行の組み合わせを指摘して「五行相生説」を唱えた。この説は多くの学者に受け入れられた。

時刻に十二支が割り当てられたのは、前漢代の終わりに当たる紀元前1世紀末頃であったらしい。

図⑲　十二支の方位・方角

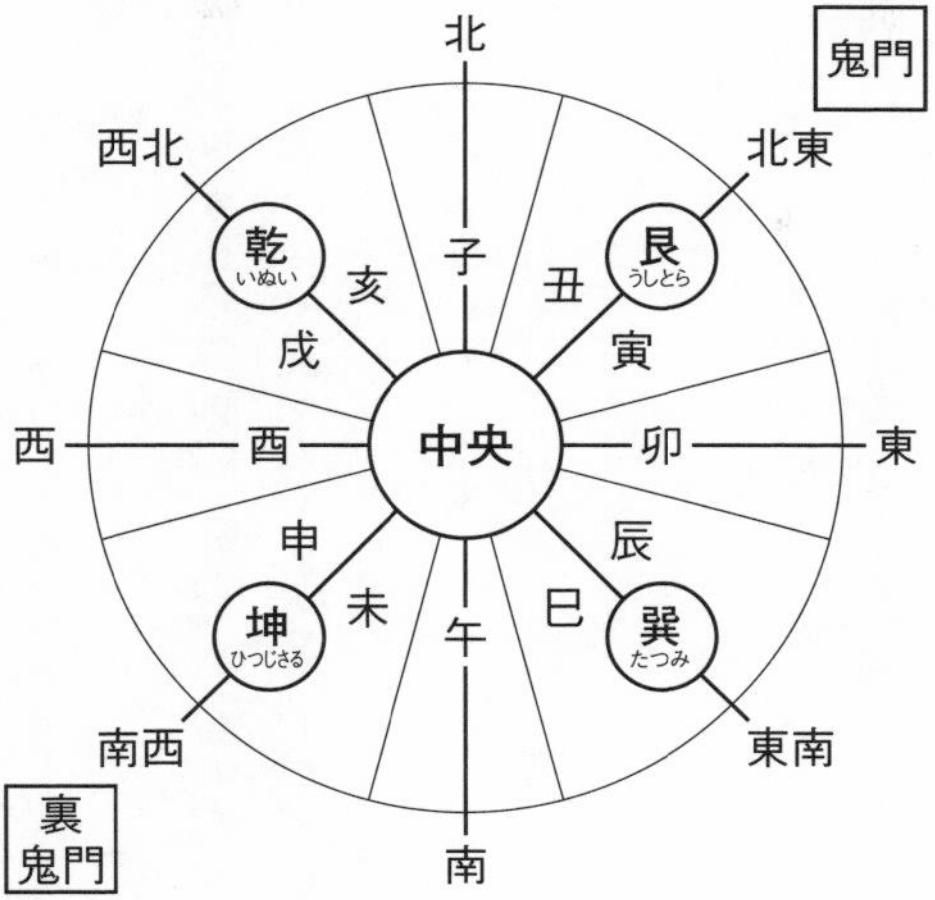

中国では、古くから1日を100等分する百刻の時刻制度が用いられていた。しかし十二支占術が広まる中で、1日が12に区分された（図㉗・189頁）。これは、自分の十二支と該当する時刻の十二支との相性によって、吉凶診断するためである。

前漢代から後漢代にかけて、方位の吉凶に関する十二支占術も深化していった。陰陽説と五行説がつくられて間もない時期から、方位と陰陽五行の関係に関するさまざまな説が出されていたと推測できる。そして西周朝の時代に、それらをふまえて、子を北にして12の方位を個々の十二支に当てる方位制度がつくられた（図⑲）。

次いで、前漢代から十二支占術が盛行する

中で、方位の吉凶についての多様な説が出されていった。十二支占術では、北東の方位を「鬼門《きもん》」と呼んで最も悪い方位としている。

これは次のような考えからくるものだ。

「丑寅《うしとら》（艮）という、災いに遭いやすい転換の時期に相当する性質をもつ方位にも用心せよ」

植物の芽が出る寸前の状態にある丑から、草木が発生する寅にかけての時期は、大きな転換の時期ととらえられたのだ。新暦の1月、2月にほぼ相当する丑と寅の月（旧暦の12月と1月）は、誰もが体調を崩しやすい時期の一つらしい。

前漢代に書かれた『山海経《せんがいきよう》』という地理書の中に「鬼が鬼門を出入りして世に禍《わざわい》をなす」という記事があるが、これが鬼門に関する最古の記述になる。

十二支占術は、後漢代末に当たる3世紀初めにほぼ確立し、ほとんどそのままの形で受け継がれてきた。

しかし、これまでに説明したような中国の十二支占術が、そのままの形で日本に入ってきたわけではない。そのことは鼠、牛など十二支に入った動物に対する、日本人と中国人とのとらえ方の違いからもわかる。次章では、中国人が、十二支とされた個々の動物をどのように考えていたかを見ていこう。

第2章

独特の動物観が見えてくる

古代の中国人は、どのように十二支の動物を選んだか

❶古代中国人の身近な動物が十二支に

架空の生き物「龍」が十二支に入っているわけ

十二支とは本来は、陰陽五行説にたつ時間の区分を表わすものであった（図⑤・25頁）。中国では古い時代から、「水」の気の「陽」の年・月・日が「子《シ》」とされた。そして、「土」の「陰」の年・月・日が「丑《チユウ》」と表記されてきたのである。

このような時間の区分を、12の動物と結びつけた理由についてはいくつかの説がある。しかし前に述べたように、私は紀元前3世紀頃に、十二支の動物が選ばれたと考えている（51頁）。それは、生まれた年にもとづく運勢判断が広まる中でなされたものだ。

十二支の中の牛、馬、羊、鶏、犬、ブタ（中国では「猪」と表記される。以下、中国のブタはイノシシと区別するため「ブタ」と表記する）は、中国で早い時期に家畜化された動物であった。それらは「六畜《ろくちく》」と呼ばれていた。これに、人家にしばしば出没する鼠《ねずみ》と、山野でしきりに見かける虎、猿、兎《うさぎ》、蛇を加えたものが、十二支の中の実在する11の動物になる。

十二支の残る一つの龍は、現代では架空の生き物とされている。しかし、このあと「辰《シン》」

の項目で説明するように、古代の中国には龍を目撃したという者の記録がかなりあった。それゆえ、十二支の動物が選定された紀元前3世紀半ば頃の中国の知識人たちは、次のように信じていたとするのが妥当であろう。

「きわめて稀《まれ》に姿を現わす、龍という尊い生き物がいる」

一方、古代の日本には、動物信仰の対象とされた熊、鹿、狼《おおかみ》などがいた。このような十二支以外の日本人に身近な動物については、次章で触れよう。

「トーテミズム」では説明できない12動物の選定

かつて、十二支の動物は「トーテミズム」の習俗からつくられたとする説が出されていた。南方熊楠《みなかたくまぐす》の著した『十二支考』(岩波書店刊)は、その代表的なものである。

「トーテミズム」は、アフリカ、南北アメリカ、オセアニアなどで原始的な生活を送ってきた集団(伝統社会)の調査の中から出された概念である。文化人類学者らが伝統社会を調査する中で、「トーテム」を自分たちの守り神とする部族や氏族の存在に気づいたのである。特定の部族や氏族が、狼、鷹《たか》などの動物、鳥、植物などを「トーテム」として祀《まつ》っていたのだ。

彼らの多くはトーテムとする動物、植物などを自分たちの祖先と考え、トーテムの名前を部族や氏族の名称に用いていた。

このようなトーテミズムを「精霊崇拝に代わる新たな宗教の芽生え」と評価する文化人類学者もいる。しかし私は、中国の十二支とトーテミズムとは別物だと考えている。十二支の動物が選ばれた秦《しん》代（紀元前3世紀頃）の中国では、鼠、牛などの個々の十二支は特定の部族や氏族の崇拝の対象ではなかった。多くの人びとに愛された身近な動物が、十二支に選ばれたのだ。

前に述べたように、精霊崇拝をもとに、日本や中国、古代エジプトなどでは多様な神を祀る多神教が出現した。古代中国には精霊崇拝からトーテミズムへの流れは見られず、精霊崇拝がそのまま陰陽五行説の「気《き》」の概念となったのであろう（40頁）。そして、のちに「気」に当たるものが道教で「道《タオ》」、儒教で「天《てん》」とされたと考えてよい。

しかし、そのような流れとは別に、精霊崇拝に代わるトーテミズムを生み出した伝統社会もあった。

精霊崇拝をとる部族や氏族は、他の集団が行なう祭祀《さいし》に干渉しなかった。しかし個々の部族・氏族の自立性が高いところや、部族間・氏族間の対立が見られるところで「トーテム」信仰がつくられた。それは「小規模な集団が祀る最高神の祭祀」と呼ぶべきものであった。そのようなトーテミズムが行なわれたところの部族・氏族は、自分たちの最高神と異なるトーテムを祀る集団を「異質な人びと」、もしくは「敵」として扱った。

一方、秦代の中国では、十二支の12の動物は、幸運をもたらす縁起の良い生き物ととらえられていたらしい。

しかし文明が進むにつれて、精霊崇拝の「人間は、さまざまな生き物の助けを受けて生きている」という考えは後退した。そのため、この後で詳しく説明するように、犬、馬、鶏、ブタ（猪）などは、のちに人間の下位に置かれるようになっていった。

「十二支は、エジプト占星術がルーツ」という説は本当か

現在の日本で広く受け入れられている占術の一つに、西洋占星術がある。それは、人びとを生まれた月日によって、おひつじ座、おうし座などに区分するものだ。この西洋占星術は、エジプトの多神教のもとで生まれた、古代エジプト占星術の流れをくむものである。

古代エジプトでは多神教が信じられたが、エジプトの神々の中にも動物、鳥などの姿をとるものが多く見られた。ハヤブサの姿をしたホルス神、狼の姿をしたアヌビス神などが

それに当たる。

太陽と恒星《こうせい》との位置関係を手がかりにしたエジプト占星術は、春分を起点として、1年を「黄道十二宮《こうどうじゅうにきゅう》」の12の期間に分ける。エジプトでは、春分のあとの約30日間が猫座、その次がジャッカル座とされる（図⑳）。

天動説の天文学の原則に従えば、年ごとに変わる春分を起点とする古代エジプトの区分が正しい。春分の日没時の太陽が、黄道十二宮の「おひつじ座」の範囲の入り口にくるからだ。しかし、現在の西洋占星術では「おひつじ座」の始まりを、春分に近い3月20日に固定している。

エジプト占星術がメソポタミア（現在のイラクあたり）に伝わってバビロニア占星術になった。さらにバビロニア占星術をもとに、西洋占星術ができたのである。

古代イラン史研究者の井本英一氏は、著書『十二支動物の話』（法政大学出版局刊）において、このエジプト占星術が古代中国の十二支につながるとしている。

井本氏は、エジプトの黄道十二宮を治める精霊がすべて動物、鳥などである点に注目する。これに対して、バビロニア占星術や西洋占星術の十二宮の名称の中には、人間や器物なども見られるというのだ。

図⑳　黄道12宮の星座

時期	古代エジプト	古代バビロニア	西洋
3月20日頃〜	猫	祭司	牡羊
4月20日頃〜	ジャッカル	牡牛	牡牛
5月20日頃〜	蛇	羊飼い・双子	双子
6月20日頃〜	スカラベ（太陽神の化身の昆虫）	カニ	カニ
7月20日頃〜	ロバ	龍・ライオン	獅子
8月20日頃〜	ライオン	イシュタル女神・麦の穂	乙女
9月20日頃〜	羊	天秤	天秤
10月20日頃〜	牡牛	サソリ	サソリ
11月20日頃〜	ハヤブサ	射手	射手
12月20日頃〜	ヒヒ	ヒメジ（キスに似た魚）	羊
1月20日頃〜	トキ	船頭・水瓶	水瓶
2月20日頃〜	ワニ	フィッシュテイル（魚の尾）	魚

しかし、エジプトの黄道十二宮の精霊と古代中国の十二支との間の共通項は少ない。両者に共通するものは、蛇、羊、牛だけである。しかも、十二支の動物はすべて古代中国人になじみ深いものであった。私は、これらの点から、十二支の時間に動物を当てはめる習俗は、エジプトなどの西方から伝わったものでなく、中国独自のものだったと考えている。

古代エジプトには羊、牛、蛇などに対する信仰が見られ、イランにも牛や羊の姿をした神がいる。また古代インドには、中国文化にも影響を与えた叙事詩『ラーマーヤナ』の中で活躍する猿の神ハヌマーンの伝説が存在する。

しかしそれらは、エジプト、イラン、インドといった西方の民族独自の精霊崇拝からつくられたものであろう。だから西方の多様な動物信仰が、中国の十二支のもとになったとすべきではあるまい。

十二支の動物を、どうやって「陽」と「陰」に分けた?

十二支は、陰陽と五行の組み合わせから成る時間の流れを示すものである。そしてその説にたつ時間の流れはきわめて複雑で、次のような形をとっていた。

①水《すい》の陽→②土《ど》の陰→③木《もく》の陽→④木の陰→⑤土の陽→⑥火《か》の陰→⑦火の陽→⑧土の陰→⑨金《ごん》の陽→⑩金の陰→⑪土の陽→⑫水の陰

つまり、自然界を治める「気」の世界では、「水」の「陽」の気が主導権をもつ時間から、

図㉑　陰陽と五行の組み合わせから成る時間の流れ

「土」の「陰」の時間などを経て、「水」の「陽」の時間へと還《かえ》っていく流れがあるというのだ。

　このあと十二支の個々の動物について見ていくが、個別の十二支の性質をわかりやすく示すために、木、土、火、金、水の順で個々の五行に属する動物を取り上げることにする。

　十二支で表現された時間の陰陽五行は図㉑のように流れていくが、十二支の時間の流れにはもう一つの要素もあった。それが、万物の生命の一生に対応する図⑨（35頁）に示したような流れになる。

「物事は、生命が萌《も》え始める『子』の時間から、生命が種子の中に内蔵される『亥』の時間へと移る。そして再び『子』の時間に戻る」

このあと十二支の個々の動物を、陰陽、五行と、生命の一生の二つの流れの中に位置づける形で意味づけていくことにする。

ところで十二支の時間の流れでは、図㉑（63頁）に示したように、必ず「陽」の時間と「陰」の時間とが交互に訪れる。そして、この「陰陽」の交替に対応する形で、「陽」の動物と「陰」の動物が交互に十二支に当てられた。

・「陽」の動物…鼠、虎、龍、馬、猿、犬
・「陰」の動物…牛、兎、蛇、羊、鶏、ブタ（猪）

数字の分野では奇数が陽数、偶数が陰数になる（図⑮・45頁）。そこで、「足の爪」が奇数の動物が「陽」の動物、偶数の動物が陰の動物だと考えられた。虎、猿、犬は足の爪が5本で、馬はひづめが一つであるから奇数である。これらは「陽」の動物だと考えられた。

龍は架空の動物だが、古来、龍の爪は5本だと考えられていた。また鼠は、前足に4本、後ろ足に5本の爪をもつが、まれに後ろ足で立って前足の爪で何かを引っかく動きをする。そこで後ろ足が、体を支える重要な足だとされた。こうした考えから、龍と鼠も陽性の動物として扱われた。

これに対して牛、兎、羊、鶏、ブタ（猪）の足の爪は4本である。蛇には足がないが、舌の先が2本に分かれている。そのため、ここに挙げた動物はすべて、偶数が属する陰性の動物とされたのである。

このあと、中国人が十二支の個々の動物をどのように評価していたかを中国の古典などを手がかりに見ていこう。その前に、鄭高詠《ていこうえい》氏の高著『中国の十二支動物誌』（白帝社刊）から多くのものを学んだことをお断りしておきたい。

鄭氏は、中国北京《ペキン》市出身で、日本の大学で中国語教育に従事されている方である。氏の『中国の十二支動物誌』には、中国で生まれ育った者でなければ知り得ないだろう、興味深い現代中国人の動物観が記されている。

それでは、次から五行の「木《もく》」に属する動物について解説していこう。

❷五行の「木《もく》」の十二支……………虎(寅)・兎(卯)

「木」の「陽」は、動物の王者とされた虎

十二支を表わす「寅《イン》」という漢字は、本来は動物の虎とは関係のない文字であった。後漢代の学者許慎《きょしん》の手による漢字辞書『説文解字《せつもんかいじ》』(100年完成)は、「寅の字は春を控えて上昇する『陽』の気を表わすもの」だとする。

「寅」の字のウカンムリは萌え出た芽を、その下の部分は地中に張った根を表わしている。凍土を突き破って地上に噴き出し草木を茂らせる「陽」の気の力強さが、獣の王者である虎の雄々《おお》しさにたとえられたのだ。

十二支の流れの中の「寅」の時間は、草木が発生する時間を示すものだ。そのような「寅」の時間は、巨木を生み出す五行の「木」の気が最も強まる「木」の「陽」に属するとされた。だから「寅」の年に生まれて「寅」の気、つまり草木を力強く芽生えさせる気を受けた者は、虎のような勇猛な人間になると考えられた。

動物の虎を表わす「虎」という漢字は、鋭い牙《きば》をもつ動物の姿を、頭を上に尾を下にし

て描いた象形文字（甲骨文字《こうこつ》）をもとにつくられた。

虎は、架空の神獣である龍と並ぶ最強の獣とされた。元曲《げんきょく》（元代に流行った四幕物の演劇）の『王粲《おうさん》登楼《とろう》』の中に「龍争虎闘（龍虎相博《あいうつ》）」という言葉があるが、これに似た表現は中国の古典に多く出てくる。

鄭氏の本が引用する『中国民間故事集成《しゅうせい》』という民話集には、虎が豹《ひょう》と武芸くらべをして圧勝する四川省の民話が収められている。中国では、虎は豹よりはるかに強いと評価されていたのであろう。

しかし『水滸伝』の中に、武松《ぶしょう》という武芸の達人が、旅人を襲う巨大な虎を素手で退治する話もある。百獣の王でも、知恵のある人間にはかなわないと考えられたのだ。

虎は敵に出合うと、まず嚙《か》みつき、次に前足を打ちつけ、そのあと尻尾ではたいてくる。

虎の象形文字

以下の話はあくまでも作者の創作だが、『水滸伝』には梁山泊《りょうざんぱく》第14位の好漢・武松《ぶしょう》が虎の一嚙み、一打ち、一はたきを巧みにかわしたとある。そのあと武松は虎の背に飛び乗り、大きな拳骨《げんこつ》を相手の頭に打ちつけて猛獣を退治したという。
勇者を虎にたとえる古典の記述も多い。『三国志《さんごくし》』では、蜀《しょく》朝をひらいた劉備《りゅうび》に仕えた名将関羽《かんう》と張飛《ちょうひ》のことを、次のように評している。「皆が称す。万人を敵《てき》としうる世の虎なる臣《しん》たり（誰もが、2人は『1万人と戦う力をもつ虎のような家来だ』と言っている）」

鄭氏によると、今でも中国に、たくましくて男らしい息子を「虎子《こし》」、りりしい女傑《じょけつ》といった娘を「虎女《こじょ》」と呼ぶ用法があるという。中国の人びとは、獣たちの王とされた虎に強い愛着をもっていたのだ。

五行の「木」は季節の春に対応する。十二支の「寅」のあとには、同じ春の「木」の性質をもつ「卯《ボウ》」がくる。

「木」の「陰」は、優しく植物を育てる月の兎

十二支の「卯」という漢字は、4本の草が並んで生えているありさまを描いた象形文字をもとにつくられた。草木が地面を覆うようになった時間が「卯」だと考えられたのだ。

十二支の「卯」は、五行の「木」の「陰」とされる。草木が芽生えるときには力強い「木」の「陽」の気が必要だ。そして、地上に草木が茂っていく時間には、草木の成長を優しく見守る「陰」の気が現われると考えられたのだ。そして、そのような生命の成長をつかさどる五行の「木」の柔らかな気を受けた者は、兎のように上品な人間になると考えられた。兎は可愛い姿をしているが、利口《りこう》で用心深く生命力が強い生き物である。

日本ではふつう、兎を表わす漢字として「兔」の略字の「兎」が用いられる。しかし、中国の古典などでは兎は「兔」と書かれる。この「兔（兔）」の字は、長い耳と短い尾をもつウサギがうずくまる様子を表わした象形文字をもとにつくられたものだ。

この「兔」の漢字には、夜空の「月」の意味もあった。古代の中国では、金色の月を表わす「金兔《きんと》」、月の宮殿を示す「兔宮《ときゅう》」、月の輝きをさす「兔輝《とき》」といった熟語が用いられていた。「兔月《とげつ》」と書いて夜の月を表わす場合もある。

中国では古くから、満月に浮かぶ影（黒い模様）を白兔（兔）に見立ててきた。そのため月の兔は「兔神《としん》」と呼ばれた。このことによって、兎という野生動物が月に縁が深い生き物だとされたのだ。

兎の象形文字

「陰陽説」では、月は「陰」の気をもつ天体とされていた（図⑮・45頁）。陽の気の太陽の力強さはないが、月は夜空を照らして人びとを助ける。そのため、十二支の卯の時期には、月のような優しい気持ちをもつ精霊が活躍するとされたのだ。

「陰」の気に属する力の弱い動物が生き残るためには、強者を欺《あざむ》く知恵が必要だとされた。前漢の劉向《りゅうきょう》の手に成る、戦国時代の論客の弁論を集めた『戦国策《せんごくさく》』という書物に「狡《ずる》き兎に三窟《さんくつ》有《あ》り（ずる賢い兎は三つの巣穴をもっている）」という言葉が見える。そうすると敵は、兎が三つの穴の中のどの穴にいるかがわからず、簡単に攻撃できなくなる。

鄭氏の前掲書に、現代中国では「狡き兎に三窟有り」の言葉は、難を逃れるのがうまい者を非難するときに使われるとある。

前に挙げた『中国民間故事集成』に「老虎和兎子（虎と兎）」という甘粛省《かんしゅくしょう》の民話が収載されている。これは兎が、百獣の王だと威張り散らしていた虎を退治する話である。

兎が、「井戸の底に『俺はこの世で一番強い』と言っている大きな獣がいます」と言って虎を誘い出した。虎が井戸を覗《のぞ》いたところ、自分の姿が井戸の底に映った。ところが虎はそれを自分の敵だと思い、井戸の中に飛び込んで溺《おぼ》れてしまった。

中国古代の知識人は優雅な姿の兎を愛し、さまざまな絵画の題材とした。兎は賢く、月の精で長寿の象徴ともされていたからである。

順番でいえば、春を表わす「木」の十二支の次には、季節の変わり目を担当する「土《ど》」の十二支がくる（図㉑・63頁）。「土」の十二支は、春の終わりの「辰《シン》」、夏の終わりの「未《ビ》」、秋の終わりの「戌《ジュツ》」、冬の終わりの「丑《チュウ》」の四つから成っている。「卯」に続いて取り上げる「辰《シン》」は、「土」の「陽」の気の十二支になる。

❸五行の「土《ど》」の十二支……龍（辰）・羊（未）・犬（戌）・牛（丑）

春の終わりの「土」の「陽」は、王者の霊獣といわれる龍

十二支を表わす「辰」という字は、ふるえることを意味する「振《しん》」と同じ字である。それは、陽気が動いて雷が起こり、雷鳴の振動によって草木が大きく伸びるありさまをさす。「土」の「陽」の気が、自然界にそのような動きをもたらすとされたのだ。

「土」の気は、古いものを退け、新しいものを招く役目をもつ。そしてその「土」の気は自然界を下から支える核となる強い力を有している。このような「土」の力を明るく輝かせて増幅させた「土」の「陽」の気が支配する時間が、十二支の「辰《シン》」の時間である。この「辰」の時は、「春に代わる夏を招く期間」でもある。

それゆえ、そのような自然の活力の強さと変革の力が、人間をはるかにしのぐ叡知《えいち》と勇猛さをもつ龍にたとえられた。そこで辰年生まれの者は、勇気あふれる完璧主義者に成長するとされた。

殷代（紀元前16世紀頃〜紀元前11世紀頃）にすでに、龍を表わす象形文字が用いられていた。その象形文字は、角と蛇のような長い尾をもつ生き物が飛ぶ姿を描いたものである。これがしだいに形を整えて、「龍」という迫力あふれる文字がつくられたのだ。日本でも美しい形をした「龍」の字は好まれ、習字の手本や凧《たこ》などに「龍」の字が用いられる。

龍は中国で、皇帝に対応する高貴な存在とされていた。そのため皇帝の顔を表わす「龍顔《りゅうがん》」、皇帝の息子をさす「龍子《りゅうし》」、皇帝の寝台を示す「龍床《りゅうしょう》」といった言葉ができた。

諸橋轍次《てつじ》氏の『十二支物語』（大修館書店《たいしゅうかん》刊）には、中国では南北朝時代（6世紀）頃まで「龍が実在する」と信じられていたと書かれている。魏《ぎ》の文帝《ぶんてい》のときに13匹の黄龍が現われたという記録や、西晋《せいしん》の時代に皇帝の武器庫の井戸の中に龍が現われたという記録がある。

また、南北朝時代の歴史を記す『宋書《そうじょ》』に、劉穆之《りゅうぼくし》という者が、船の下にいる2匹の白龍を見たと記されている。古い時代の中国の人びとは、

「龍はめったに姿を現わさないが、実在する尊い生き物だ」と考えていたのである。だから紀元前3世紀頃に十二支に対応する動物が選ばれた時点で、龍を含めた12の動物は「間違いなく存在する」と見られていたとすべきだろう。

前漢代の劉向《りゅうきょう》の『新序』という説話集の中に、次のような興味深い話が記されている。

春秋《しゅんじゅう》時代の葉公《ようこう》という者が龍が大好きで、身の回りの物には龍の模様を描き、家のあちこちに龍の彫刻を飾っていた。ところが、天上にいた龍が葉公のことを聞きつけて彼を訪ねると、葉公は窓の外の龍を見て驚き、大慌てで逃げ出してしまった。

そのため、「葉公龍を好む」という言葉ができた。鄭氏は前掲書に、この言葉は現在でも「実は何かを恐れているのに、口先だけでそれを好きだと言っている見栄っ張り」を非難するのに用いられると記している。

龍の象形文字

龍を尊い動物として十二支に入れた古代中国の人びとも、内心では龍に出合うのを恐れていたのであろう。

北宋《ほくそう》朝に当たる10世紀末頃になると「龍は実在しないらしい」

ことがわかってきたようだが、それでも龍は中国で愛され続けた。現在でも中国人は、自分の国を「龍的国土（龍の国）」と呼ぶ。

また、彼らが最も好む吉祥句《きつしょうく》（縁起の良い言葉）は、「龍鳳呈祥《りゅうほうていしょう》（龍と鳳凰が同時に現われる瑞兆《ずいちょう》）」である。

宮地伝三郎《みやじでんざぶろう》氏の『十二支動物誌』（筑摩書房刊）に、龍をパンダに変えた十二支動物のガラス細工が日本に送られてきたことが記されている。これは、1971年の中華人民共和国物産展の出来事である。現在の中国にも、龍をパンダに変えた十二支がかなり見られるという。

これは、十二支をすべて実在の動物にしたいという目論《もくろ》みによるものだろうか。あるいは中国が誇る希少動物のパンダを、世界中に宣伝するためであろうか。十二支の動物も、時代ごと国ごとに変わっていくのである（図④・21頁）。

「巳《シ》」と「午《ゴ》」から成る夏をつかさどる五行の「火」の十二支については、後（84〜89頁）で触れよう。この次は、五行の「土《ど》」の性質をもつ、夏の終わりの「土」の「陰」の十二支「未《ビ》」を取り上げる。

夏の終わりの「土」の「陰」は、吉祥の動物とされる羊

「未」は「味《あじ》わう」と同じ意味の字で、万物が成熟して慈味《じみ》を生じさせたありさまを表わす。次の世代の、新たな生命の息吹《いぶき》が出現しはじめる時間が「未」、つまり「味」と表現されたのだ。

作物の実りも、子供の誕生もきわめてめでたい。そのようなめでたいときの時間の性質を象徴するのが、中国で吉祥の動物とされた羊であった。中国人は、そのような幸福を授ける羊は、すべての動物の中で最も善良な心の持ち主だと考えた。

十二支の「未」がもつ「土」の「陰」の気は、控えめだが世の中を支える大きな慈悲をもつとされた。だから、そのような「未」の気を受けて生まれた者は、大きな夢を抱く温和な平和主義者に育つと考えられたのだ。

羊の象形文字

「羊」の漢字は、頭の両側に曲がった角をもつ動物の顔を描いた象形文字をもとにつくられた。

古い時代の中国人は、おとなしく美しい毛並みをもつ羊という家畜を、天地の神を祀る祭祀の供物に用いた。そのことから羊は、神々の恵みをもたらして家を繁栄させる、めでたい動物だと考え

られたのだ。

前に挙げた『説文解字』に「羊、祥《さいわい》なり」とある。「羊」の字は「さいわい」や「めでたさ」を表わす「祥」の字と、同じ意味の文字だというのだ。この他に「美」「善」「鮮」「群」といった字も、「羊」をもとにつくられたものである。

美しく鮮《あざ》やかで、仲良く群《む》れる善良な動物がヒツジだとされたのだ。前漢の有力な儒学者である董仲舒《とうちゅうじょ》（52頁）の作といわれる『春秋繁露《しゅんじゅうはんろ》』という儒学書には、次のように記されている。

羔（子羊）は角有《つのあ》れども任《つか》わず。設《もう》け備《そな》えても用《もち》いず。仁《じん》を好《この》む者《もの》に類《るい》す（羊は子供のときから角という武器を備えているが、それで危害を加えてはならないことを知っている。これは仁［いつくしみ］を好む人間のようだ）。

このように羊は、生まれながらに儒教道徳を身に付けた動物だと考えられていた。董仲舒が生きた前漢の武帝《ぶてい》の時代には戦いが続き、武官が重んじられていた。こういった中でも「武器があっても使わないのが『仁』だ」という考え方があったのだ。

十二支を知るために、考古資料が貴重な手がかりになる。そのため本書の執筆のさいに、8名の考古学の専門家が共同執筆した設楽博己《したらひろみ》編著『十二支になった動物たちの考古学』（新泉社刊）から、さまざまな教示を受けたことを記しておきたい。

『十二支になった動物たちの考古学』の中で、考古学者の賀来孝代《かくたかよ》氏は、次のことを指摘している。

前漢代の貴人の墓に、立体的な羊の頭をつけた塼《せん》（レンガのようなもの）が見られる。また、後漢代の墓から、羊の彫刻のある揺銭樹《ようせんじゅ》という飾り物が出土している。それらは遺族が、自分たちの一族が富み栄えることを願って、家の繁栄をもたらす羊を故人の墓に飾ったものだと賀来氏はいう。

中国では、未年生まれの者の中に、人が良すぎて不遇な生涯を送る者がいるとされている。そのため前掲の鄭氏の本には、現代でも「羊と羊が一緒になると長生きできない」といった諺《ことわざ》が生きていると書かれている。そこで一部では、未年に女の子を生むのを避ける習慣が残っているというのである。

次に「未《ビ》」に続く秋の「申《シン》」「酉《ユウ》」という「金《ごん》」の十二支（90〜95頁）をとばして、「土《ど》」の「陽」に属す「戌《ジュツ》」を取り上げよう。

秋の終わりの「土」の「陽」は、人間に忠実な犬

十二支の「戌」の字は、「滅《ほろ》ぶ」と同じ意味をもつ字である。草木が枯れ、万物が滅びゆく時間の性質を表わしたのが「戌」という漢字である。戌の月の季節は、秋の終わりに当たる。

陰陽五行説では、古い生命の滅びは、同時に新しい生命の出現をも意味する。そのため、秋から冬へと移る十二支の「戌」は、古い物と新しい物とを交替させる「土」の力が表に出てくる「陽」の時間だとされた。

人間は、過ごしやすい秋の期間をのんびりと送っていた。しかし秋が終わる戌《ジュツ》の時期に入ると、厳しい冬に対処していく知性や体力を身に付けねばならなくなるとされたのだ。このような厳しい環境のもとに生を受けた戌年生まれの者は、忠誠心にあつく正直な人間に育つといわれた。

「犬」という漢字は、頭を上に尾を下にした犬の姿を描いた象形文字を簡略化してつくられたものだ。

人類最古の家畜といわれる犬は、旧石器時代に当たる1万数千年前から人間とともに暮らしてきた。人びとの生活に欠かせない相棒でもあった犬は、生まれながらに勇敢で、嗅《きゆう》

覚《かく》や視覚に優れており、人間の言いつけに良く従った。そのため狩りや家畜の世話には、犬が欠かせなかった。そのような中で、犬の能力にあこがれる「犬崇拝」も広がっていったと考えてよい。

しかし、中国の文献から「犬の評価が早い時期に低下した」ことがわかる。物語や民話では、犬はおおむね短気で下品で、貪欲《どんよく》で無謀、考えがころころ変わる無能な生き物として登場する。犬の美点は、忠実に主人に従う点だけである。しかし飼い主の威光をかさにきて、弱い動物を虐《しいた》げる犬もいる。

『晋書《しんじょ》』という歴史書に、犬や馬がその主人のために骨を折るという意味の「犬《けん》馬《ば》之《の》労《ろう》」という言葉が出てくる。段灼《だんしゃく》という者が、主君に「喜んであなたの御命令に従います」という恭順の意を示すために「犬馬之労」という言葉を用いたというのである。

漢の鄒陽《すうよう》の「獄中で梁王《りょうおう》に上《たてまつ》る書」の中に「桀《けつ》の狗《いぬ》、使わるべきときには、堯《ぎょう》にも吠《ほ》ゆ」という言葉がある。

「犬というものは愚《おろ》かだから、自分で善悪を判断できず、桀のような悪い主人に言われるままに、堯のような聖人に吠《ほ》えかかる」

という意味だ。桀は伝説上の夏《か》王朝最後の君主で暴君として知

犬の象形文字

られる人物であり、尭は殷朝《いんちょう》をひらいた名君である。つまりは「立派な主君、立派な上司を選んでそれに従いなさい」という教訓を語ったものだ。つまらぬ者の言いなりになると、「桀の狗」のような失策を犯すというのだ。

中国人は古くから犬と強い絆《きずな》で結ばれていた。しかし、その半面、自主性に欠ける犬を自分たちより下位において物事を考えてきたのである。

「戌《ジュツ》」の次には、五行の「水《すい》」に属する冬の「亥《ガイ》」と「子《シ》」がくる。しかし、その二つはあと（95〜104頁）に回して、次に「土」の「陰」の気をもつ「丑《チュウ》」を取り上げよう。

冬の終わりの「土」の「陰」は、古来、神聖視された牛

秋が終わり、五行の「水」の気が自然界をつかさどる長い冬がくる。この冬の終わりの春に移行していく時間が、「土《ど》」の「陰」の気がつくる十二支の「丑《チユウ》」の期間になる。地味な「陰」の期間だから、冬はゆっくり目立たないように去っていく。そして、気がつけば花が咲いて春になっている。

「丑」とは「紐《ひも》」である。その言葉は、種子の内部で育った芽が、まだ互いに絡み合って地上に伸びていかない、発芽前のもどかしい状況を表わしている。

「牛歩《ぎゅうほ》（牛の歩み）」という言葉もある。このような「丑」の時間の気を受けて誕生した者は、用心深く、勤勉で忍耐強い人間になると考えられた。

「牛」という漢字は、2本の角をもつ牛の姿を前方から描いた象形文字をもとにつくられた。だから殷代の頃の牛の象形文字は、前に紹介した羊の象形文字に似た形をしている。しかし、羊の字の角が下向きに曲がっているのに対して、牛の字の角は上に向いている。そして秦《しん》代の頃に、牛の字の角が2本から1本になった。角の右側がまっすぐな線になり、左側が斜線で示されたのだ。

牛は、きわめて古い時代の中国で神聖視されていた。中国の伝説上の神である神農《しんのう》やその子孫の蚩尤《しゆう》が、頭に牛の角をのせた姿で描かれることもある。前に挙げた『説文解字』に、次のように記されている。

牛の象形文字

「物」は、万物である。牛は大いなる「物」をさす。天地のあれこれは、牽牛《けんぎゅう》に起こった。故に牛に従い、勿《こつ》を音にすえる「物」という字は万物を表わすことになった。牛はすべての物の中で最も重要であり、牽牛の神（七夕伝説の神）が天地の間のすべての物をつくり出したという伝説もある。そのため「牛」の偏《へん》に音を表わす「勿」の旁《つくり》を添える形で「物」の字ができた。

古代の中国の農民にとって、牛は巨体をもつ力の強い家畜で、貴重な働き手であった。そのため人びとは牛を、作物を育てる神聖な動物として扱った。『漢書《かんじょ》』という歴史書に、次のような話が見える。

龔遂《きょうすい》という能吏《のうり》が渤海郡《ぼっかいぐん》（山東半島あたり）の太守《たいしゅ》（地方長官）に赴任したとき、農業を奨励するために剣を売って牛を買わせ、刀を売って犢《こうし》（子牛）を買わせた。これによって、戦争を止めて農業にいそしむことをさす「売剣買牛《ばいけんばいぎゅう》」と「売刀買犢《ばいとうばいとく》」という言葉ができた。

自分の仕事に励んで稼ぐほうが、他人の財産を奪うために戦いをするより利口だというのだ。

牛は農耕に欠かせない貴重な動物だったために、古い時代の中国人は、自分たちの生活に必要な牛を神々の祭祀《さいし》の供え物とした。そのため、牛偏の漢字を連ねた「犠牲」という言葉ができた。この中の字の「犠」も「牲」も、混じりけのない純色の牛を表わす字であった。

殷朝は白い牛を、西周朝は赤い牛を犠牲（祭祀の供え物）に用いたと伝えられる。これは五行相剋説（図⑰・50頁）にもとづく鄒衍《すうえん》の説によったものである。

鄒衍は伝説上の黄帝を、黄色い「土気」の君主と見た。そしてその次に立ったと伝えられる夏《か》の王朝を、「木剋土《もっこくど》」の考えから「木気」の王朝とした。すると、夏朝を滅ぼした殷朝は「金剋木《きんこくもく》」の発想から五行の「金」の王朝で「金」の色である白を好むことになる。そして「火剋金《かこくきん》」にのっとって、殷朝のあとに立った「火」気の西周朝がきて、西周朝は「火」の色の赤を重んじたと考えたのだ。

後世になって道教が広まると、青牛に乗った道教の仙人の姿が好んで描かれるようになる。その青牛は、樹齢1万年以上の老木が変じたものだといわれる。

現代の中国人の心の中にも、牛を神聖視する遠い昔の伝統が生きているという。

このあと、五行の「火《か》」の十二支を紹介しよう。次に取り上げる「巳《シ》」は、十二支の順番でいえば、前（71～74頁）に挙げた「辰《シン》」の次にくるものである。

❹五行の「火《か》」の十二支……………蛇（巳）・馬（午）

「火」の「陰」は、魔除けの力をもつとされた蛇

十二支の「巳《シ》」の字は、「已《や》む」ありさまを表わすものだとされる。「已」は「すでに」「もはや」「尽《つ》く」「止《や》む」などの意味をもつ漢字だが、古くは「已」の字と「巳」の字がしばしば混用されていた。

「巳」の意味で用いられた「巳」の漢字は、万物が繁昌の極みとなって成長をやめた様子を示している。「木」の気の時間に成長してきた草木は、「火」の気の季節に入ると実りの準備を始める。

しかし「火」の「陰」の気の「巳」の時間には、その動きは目立たないところで静かに進んでいる。そして「火」の「陽」である次の「午《ゴ》」の時間に入ると、実りへの動きが表立ってくるとされるのだ。そこから、「巳」の気を受けて生まれた者は、控えめだが聡明な人物になるとされた。

「蛇」という漢字は、「它《だ》」に虫偏《むしへん》を付けたものである。漢文には蛇を表わす「它」の字が

しばしば出てくるが、「它」の字は、蛇を上から見た姿を描いた象形文字を簡略化してつくられたものである。

　古い時代の中国人は、蛇は、人知を超えた知恵をもっているのではないかと感じた。また、足もないのに素早く移動し、伸縮自在の体で何にでも巻きつき、脱皮をくり返して成長する。そこから蛇は「災いをもたらす」とか、「魔除けの力をもつ」といわれた。しかし中国人は、日本人のように蛇を神格化しなかった。

　現代中国では、何でもないことにくよくよ悩むことを意味する「杯中蛇影《はいちゅうじゃえい》」という言葉が使われる（鄭氏前掲書）。これは後漢の応劭《おうしょう》が著した『風俗通義《ふうぞくつうぎ》』という、さまざまな事物の考証を書き連ねた書物によったものである。「杯中蛇影」は、『風俗通義』に掲載された次の話をもとにつくられた言葉だ。

蛇の象形文字

汲県《きゅうけん》（今の河南省にあった）の長官である応彬《おうひん》（応劭の祖父）が、家に来た部下の杜宣《とせん》という者に酒をふるまった。そのとき、杜宣は、自分の杯の中に蛇の姿を見た。彼は上司に気をつかって酒をそのまま飲み干したが、杯中の蛇が気になって病気になってしまった。

応彬はその話を聞いて、すぐさま、部屋の壁に飾った朱塗りの石弓が杯の酒に映って蛇に見えたのだと悟った。そこで応彬は再び杜宣を同じ部屋に招き、杯を取らせた。すると同じように杯に蛇の姿が浮かんだ。このことを不思議がる杜宣に事の次第を説明したところ、彼の病気はたちどころに回復したという。


誰もが何かのはずみに、この話に出てくる杜宣のような失敗を犯す。何でもないことを勝手に凶兆だと思ってしまう。

現代の中国では、蛇は残酷でずる賢い生き物と考えられている。それでも、蛇を龍の弟分のように感じて親近感をもつ人もいる。前掲の鄭氏の本には、干支を尋ねられたときに、「属小龍（私は小龍です）」と答える巳年生まれの者がかなりいるとある。

次に「巳《シ》」の次の十二支である「午《ゴ》」を取り上げよう。

「火」の「陽」は、戦陣の中でもへこたれない馬

「午」は「忤《さか》らう」と同じ字で、万物に衰微《すいび》の傾向が起こりはじめる様子を表わす。万物

は、五行の「木」と「火」の期間である春と夏にたくましく育つ。そして「火」の終わりの「午」の時間に成長を終えて、次の世代をつくるための実りの期間に入る。

このような五行の「午」の時間は、人間でいえば、結婚を前に恋愛遍歴を重ねる青年期の終わりに当たっている。そのような人生で最も充実した期間を象徴するのが、人びとの身近にいる馬である。

だから「午《ゴ》」の気を受けて生まれた者は、馬のような元気で明るい人間になるとされた。主人を守って戦場を駆け抜ける馬は、元気で賢く、戦陣の中であってもへこたれない陽気な動物だと考えられていたのだ。

中国は、何度も王朝交代が行なわれた国である。一つの王朝の末期に政治が乱れるたびに、いくつもの武装集団が出現して争い合い、その戦乱の勝者が新たな王朝を建ててきた。

馬の象形文字

そのため近代以前の中国では、優れた武人が最も重んじられた。そして彼らに欠かせないものが、武人の能力を生かす名馬だとされた。
「馬」という漢字は、頭を上に尾を下にその姿を描いた象形文字からつくられた。この「馬」の字の上部の3本の横線は、たてがみを表わす。古代の中国人は、たてがみを靡《なび》かせて疾走する馬を最も美しい獣と感じ、多くの馬の名画を残している。

古くは優れた馬は、天からの授かりもの、もしくは神から賜《たま》わったものとされて、「天馬《てんま》」とか「神馬《しんめ》」などと呼ばれた。鄭氏の前掲書によると、現代の中国では、優れた人間は「千里馬《せんりのうま》」と呼ばれ、凡人は駄馬を意味する「駑馬《どば》」と言われるという。

中国の有力者は、名馬を得るために馬の鑑定家を重んじた。戦国時代に伯楽《はくらく》の号で知られる孫陽《そんよう》という馬の鑑定家がいた。彼は馬の良否について記した『相馬経《そうまきよう》』を残した人物だと伝えられている。

前に挙げた『戦国策』に、この伯楽が、名馬にふさわしくない扱いを受けて酷使《こくし》されていた「千里の馬」に出会った話が出てくる。

ある日、伯楽は、塩を積んだ車を曳《ひ》かされて坂を登る疲れきった馬を見かける。しかし彼は、その馬の隠れた能力を見抜いた。伯楽は、感激のあまり自らの服を脱いで馬に掛けると、馬体を撫でながら声を上げて嬉し泣きした。馬も伯楽の気持ちを察して、天を仰いで長くいないた。その後、馬は伯楽の訓練を受けて、「1日に千里（約六百数十キロメートル）駆ける」と言われる名馬になったという。

中国では、この話が「才能ある人材が、無能な権力者のもとで埋《う》もれてしまうこと」のたとえに用いられることも多い。

唐代の思想家韓愈《かんゆ》の『雑説《ざつせつ》』の中に、「千里の馬は常に有り。而《しか》るに伯楽《はくらく》は常に有らず」という文章がある。

日本でも、すぐれたプロスポーツの指導者を「名伯楽《めいはくらく》」と呼ぶことがある。天才肌の人間は自分の才能を過信して、頑固になったり、ひとりよがりの行動をとりがちである。そのため、そういった人間を上手におだてて良い方向に導く者が欠かせない。人並み外れた才能をもつ者でも、自分1人の力だけで名を残すことはできないのだ。

かつて王公貴族の独占物であった中国の馬は、高貴な動物として扱われてきた。しかし農民の間に役畜としての馬が普及したあと、馬の地位は大きく低下していった。そこから馬や犬を人間の家来とする「犬馬之労」（79頁）という言葉も広まっていった。

次に、五行の「金」の十二支を紹介しよう。次項の「申《シン》」は、十二支の順番でいえば、前に挙げた「土」の気に属す「未《ビ》」（75～77頁）の次の干支になる。

❺五行の「金《ごん》」の十二支……………猿（申）・鶏（酉）

「金」の「陽」は、多面性があり知恵の回る猿

「申《シン》」は「呻《うめ》」くと同じ字で、万物が成熟して固まっていくありさまを示す。「五行説」に、穀物や果実は「金」の気を受けてつくられると説かれている。そのため「金」に属する「申」と「酉」の時間は、実りの時とされる。

「金」の「陽」の「申」の時間に、果実などがすみやかに成長する。そして「金」の「陰」の「酉」のときに、果実などがゆっくりと熟《う》れていくとされるのだ。

そのような果実が成長する時間を象徴するのが、元気なおどけ者の猿である。この「申」の気を受けて生まれた者は、弁舌家になるとされる。

中国人は、自然な形で猿に親近感をもつようになったといわれる。野生の猿は騒がしいほど賑やかで、陽気に見える。そして獣の中では勘が良く利口そうで、そのしぐさもどことなく人間に似ている。

古代の中国では、猿が「猴」と描かれることが多い。「猴」の漢字は左向きに木の枝に腰

かけた猿を描いた象形文字をもとにできた。古い時代の中国人は、人間のように腰かけた猿の姿に親近感をもったのだろう。

　中国で好まれた京劇の中には、孫悟空を善玉の主人公（ヒーロー）とするものが多い。中国人に長きにわたって好かれてきた猿が、この『西遊記』に出てくる孫悟空である。悟空はさまざまな神通力を用いて天竺《てんじく》（インド）にお経をもらいに行く三蔵法師を助ける。しかし孫悟空には、自分勝手で、気まぐれでずる賢いところも目立つ。

　古代インドの叙事詩『ラーマーヤナ』に、主人公のラーマ王子を助ける猿神ハヌマーンが出てくるが、近代中国を代表する文学者の胡適《こてき》などは、このインドの猿神をもとに孫悟空の話がつくられたと唱えている。

　神通力をもつハヌマーンに、中国人が抱く猿の性格をあれこれ加える形で、悟空という多くの人に愛されるキャラクターがつくられたのであろう。

猿の象形文字

　現代の中国に「孫猴子的臉説変就変（孫悟空の顔、呪文一つでぱっと変わる）」という言葉がある。鄭氏前掲書に、この言葉は悟空が72の変化《へんげ》の術をもつことになぞらえて、気まぐれなありさまを非難するときに使われるという。

北宋代の学者欧陽脩《おうようしゅう》の『帰田録《きでんろく》』の中に、次のような話が記されている。

詩人の梅聖兪《ばいせいゆ》は高名な学者であったが、自由を愛し、出世に汲々《きゅうきゅう》としていなかった。ところが、皇帝仁宗《じんそう》の時に欧陽脩の監修のもとで『唐書《とうじょ》』の改編がなされることになった。このとき梅聖兪は、その編者の1人になるように命ぜられた。このとき梅聖兪は、妻に『私は猢猻布袋《こそんほてい》に入る（自由に動き回っていた猿が布袋に入れられる）ような目に遭った』と語ったという。

欧陽脩らが編纂した歴史書は、『新唐書《しんとうじょ》』（1060年）として完成した。これは唐朝滅亡後の五代《ごだい》（五つの王朝が次々に建った時代）の混乱期につくられた『旧唐書《くとうじょ》』（945年）に代わるものとして扱われた。

現代の日本でも、官庁や大企業のような大きな組織の中で、「猢猻布袋に入る」思いをしている者が少なくあるまい。

中国人から見た猿は、多面性をもつ複雑な生き物であった。愛くるしい利口者でありながら、気まぐれで騒がしく小ずるい。中国人が原始的な生活をしていた時代、そのような猿は尊敬の目で見られることもあった。しかし文明が進むにつれて、猿の地位は低下し、しだいに愚かな動物と見られるようになっていったのであろう。

次項では「申《シン》」の次の「金」の「陰」の気をもつ「酉《ユウ》」の干支を紹介しよう。

「金」の「陰」は、優雅で誇り高い鶏

「酉」は「縮《ちぢ》む」ありさま、つまり果実などが成熟して固まっていくことを示している。「金」の「陰」の「酉」のときに、次の世代への継承の準備が終わる。このような時間を象徴するのが優雅な姿をした鶏で、「酉」の気を受けた者は誇り高い生き方をするという。

二本足で立つ鶏を描いた象形文字をもとに、「奚」の漢字ができた。「奚」の上部の三つの点は鶏の目を表わす。「鳥」は後で加えられたものだ。

鶏の象形文字

鶏は中国で、吉祥の象徴とされてきた。これは鶏の「.j.i」という音が「吉」の字の「.j.i」に通じることからくるものである。

このような鶏は、古くは、文、武、勇、仁、信の「五徳」を備えた「徳禽《とくきん》」とされてきた。前漢の思想家韓嬰《かんえい》の説話集『韓詩外《かんしがい》伝《でん》』に、次のように記されている。

鶏の鶏冠《とさか》は文官の冠で「文」の徳を表わす。鶏の蹴爪《けづめ》は「武」の徳で、鶏は蹴爪で無意味に他者を傷つけない。しかし闘鶏のときに、鶏は傷だらけになっても戦う「勇」の徳を発揮する。また鶏には、餌《えさ》を見つけると鳴いて仲間に知らせて共に食べる「仁」の徳があり、1日たりとも休まず夜明けを告げる「信」の徳も見られる。

一方、鄭氏前掲書は、現代の中国で「鶏鶩争食《けいぼくそうしょく》（鶏とアヒルが餌を奪い合うこと）」という言葉が使われているという。つまらない人間が名誉や利益を奪い合うという意味で、戦国時代の詩人で政治家である屈原《くつげん》の『卜辞《ぼくじ》』に書かれた話をもとに、この言葉がつくられた。屈原は楚《そ》（戦国時代の七国の一つ）の国王に疎《うと》まれて、辺境の地に流された。『卜辞』には、楚の国の民を思う屈原が、流刑先で占術師に次のように尋ねたことが記されている。

「私のもつ運勢は、駿馬《しゅんめ》と共に駆け回る（国政に当たる政治家になる）ものであろうか。あるいは、駿馬の後をついて行く（有力者を補佐する）ものなのか。それとも、鶏やアヒルと餌を取り合う（低い地位で終わる）運勢であろうか」

楚王を恐れた占術師は、屈原が望む答えを言い出せなかった。そのため屈原は、間もなく汨羅《べきら》という川に身を投げて亡くなった。現代に生きる私たちも、将来への見通しをもたずに大局を見誤り、鶏やアヒルと餌を争うような振る舞いをしてしまうのかもしれない。

優雅な姿をもつ鶏は古くは、夜明けを告げて悪《あ》しき者を退《しりぞ》ける神通力をもつ鳥として尊ばれてきた。また、その美しい姿が好まれ、鶏を題材にした絵も多く描かれた。

しかし文明が進むとともに、食用にされる家禽《かきん》である鶏の地位は低下し、アヒルなどと同じ〝小物〟として扱われるようになっていったのである。

次に五行の「水《すい》」の十二支を紹介しよう。次項の「亥《ガイ》」は、十二支の順番でいえば前に挙げた「土」の気に属す「戌《ジュツ》」(78〜80頁)の次の干支になる。

❻五行の「水《すい》」の十二支……猪(亥)・鼠(子)

「水」の「陰」は、ひたすら前進するブタ(猪)

「亥」は「閡《とじ》」るで、万物が枯れて生命が種子の中で閉じ籠《こ》もった様子を表わしている。季節の冬に相当する五行「水」の気の「陰」の時間に、次の世代の生命は種子の中で目覚めの準備をする。そして「水」の「陽」である「子《シ》」の時間がくると、新たな生命が萌えはじめるのである。

このような「水」の「陰」の時間に、種子の中に籠もっている生命の気持ちを象徴するのが、一直線に進む性質をもつブタ（猪）である。「亥」の気を受けて生まれた者は、何でも最後までやり遂げる人間になるといわれる。

「猪」の字は、日本ではイノシシをさす。これに対して中国の「猪」の字は、イノシシを家畜化したブタを示す漢字としてつくられたものであった。そのためイノシシは、中国では「野猪《やちょ》」と書かれる。

古くはブタは「豕」と記されていた。この漢字は、ブタの頭を上に尻尾を下に描いた象形文字をもとにつくられた。そのあと、「豕」を偏にして「ちょ」の音を表わす「者」の旁《つくり》を添えた「豬」の字が広く用いられるようになった。そして唐代に、ブタを表わす字に獣《けもの》偏《へん》の「犭」が使われるように変わって「猪」の字ができた。

日本でブタは「豚」と書かれるが、中国ではその字は、子ブタを表わす文字であった。ブタは中国で、古くから食用の家畜として飼われていた。河南《かなん》省の賈湖《かこ》遺跡からブタの獣骨が出土している。設楽博己氏編著の前掲書で、考古学者の新美倫子《にいみみちこ》氏は、これを根拠に、紀元前7000年頃から中国でブタが飼育されていたと述べている。

牛の飼育は紀元前6000年頃に、アナトリア高原（トルコあたり）で始まったと考えられている。そうするとブタは、牛より1000年ほど早く家畜化されたことになる。つまり、ブタは1万数千年前から飼われていた犬の次に古い家畜であったのだ。

山羊《やぎ》や羊が家畜にされるのは、これより新しい紀元前5000～紀元前4000年頃のこととされる。

古い時代の中国で、ブタは貴重な食材であった。富裕な者しか豚肉を食べられなかったので、ブタ（猪）は富の象徴とされた。そのため有力者は豊かな生活を願って、ブタを祭祀の供物《くもつ》とした。

また一度に十数匹の子供を生むブタは、子宝をもたらす神とされた。ブタの耳は、長く垂れている。そのため中国では、富の象徴であるブタのように大きな耳をもつことは、めでたいことと考えられた。

猪の象形文字

鄭氏前掲書に、今でも中国では「大耳有福《だいじゆうふく》（大きい耳に福が宿る）」という言葉が使われるとある。中国の陰陽五行説にたつ人相学を受け入れた日本でも、豊満な耳は「福耳《ふくみみ》」と呼ばれる。後漢末の戦乱の中で勢力を拡大して蜀《しょく》朝の開祖となった英雄劉備《りゅうび》が、肩に届くほどの垂れ耳の持ち主だったという。このことは『三国志』ファンにはよく知られているだろう。

しかしブタの飼育が広まったあと、ブタ（猪）の地位は急速に低下した。ブタは動きがにぶく怠惰《たいだ》で、不潔かつ好色な動物と考えられるようになったのだ。

それでも野生のイノシシであったときの、怒ると全力で突進してくる習性だけは、ブタから抜けなかった。

『西遊記』の猪八戒《ちょはっかい》は、中国人になじみ深いブタ（猪）のもつ性格を強調してつくられたキャラクターである。八戒は、三蔵法師に従って天竺《てんじく》に向かい、多くの妖怪と戦って主人を守る手柄を立てた。しかし彼は好色で、大食漢かつ妬《ねた》み深く嘘《うそ》つきであった。そのことによって、八戒は多くの愚行を重ねたという。

このような猪八戒の行動には、『西遊記』が書かれた明《みん》代の商工民特有の小市民的な小狡《こずる》さが反映されているともいわれる。しかし、欲望のままに生きているのに、猪八戒のように「どこか憎めないところがある」者が私たちの身近にも多くいる。

鄭氏前掲書に現代の中国では、自分の見かけが良くないことを謙遜《けんそん》する「猪八戒並みに醜《みにく》い」という表現がよく使われるとある。品性下劣な者を「ブタ（猪）にも犬にも如《し》かず」と非難する現代語もあるようだ。

古くは縁起の良い動物とされたブタ（猪）は、人間に長く飼われる中で、すっかり影が薄くなってしまったようである。

この亥《がい》のあとに、十二支の初めの子《シ》がくる。

「水」の「陽」は、鋭い直感力をもつとされた鼠

「子」は「孳《ふえ》る」を意味する字で、子供がつくられていく様子、つまり種子の内部で新しい生命が育っているありさまを表わす。

このような生命の芽生えを象徴するのが、体は小さいが勘が良く、生命力にあふれる鼠である。だからこそ「子」の気を受けた者は、直感力の鋭い世渡り上手になるといわれている。

鼠の象形文字

「鼠」という漢字は、頭を上に尾を下に鼠を描いた象形文字をもとにつくられた。

古い時代の中国では、小さいにもかかわらず、厳しい自然界の中でたくましくその数を増やしていく鼠は神秘的な動物だと見られていた。小さな鼠が、体の大きな動物にない、生き抜くための知恵の持ち主だとされたのだ。

鼠は、驚異的な繁殖力をもつ。そのため人びとは鼠を「多子多福（多くの子供をもうけて多くの福を得ること）」の象徴とした。さらに古くは、鼠は長寿の動物とされた。

東晋《とうしん》代の道家《どうか》である葛洪《かっこう》が、神仙思想《しんせんしそう》（道教のもとになった思想）について記した『抱朴子《ほうぼくし》』（4世紀初めに成立）という書物がある。この中に「鼠寿三百年《ねずみよわい》（鼠は300年生きる）」という文章がある。

十二支の動物が定められた紀元前3世紀頃までの鼠は、長寿で多産の知恵者として尊ばれていた。しかし時代が下るとともに、害獣である鼠の地位は急速に低下した。そのため鼠は、悪知恵がはたらき、野蛮で不潔で臆病《おくびょう》な、下賤《げせん》の動物であると考えられるようになった。

日本でもよく知られた「猫と鼠の仲たがい」という物語がある。これは、鼠の悪知恵を描いた十二支の起こりにまつわる話である。これは中国各地で民話として語り継がれてきたものだが、その大筋を記しておこう。

鼠が、「天の神さまが9月14日の月が真上に昇る時間に、先着順で十二支の動物を決める」という話を聞きつけた。そのため、鼠は「自分が先頭の十二支になりたい」と考えて策を案じた。まず猫に「9月15日に十二支を決める」という嘘を教えた。そして9月14日になると、鼠は早く出掛けて、足の早い牛より前に十二支の順番を決める場所に着いた。そのため鼠、牛、虎などの十二支の順番が決められた。鼠の嘘に騙《だま》されて十二支になれなかった猫は、以後、鼠を恨《うら》んで鼠を捕るようになった。

（『中国民間故事集成』に収載された甘粛省《かんしゅく》の民話より）

猫は、3世紀末頃にインドから中国に伝えられた。だから猫が、紀元前3世紀に決められた十二支の動物に入らなかったのは当然である。しかしのちになって、十二支に身近な猫が入っていないことを疑問に感じた人が、鼠を追う猫の習性と絡めて、前に挙げた民話をつくったのだろう。

日本の十二支の起こりの民話の中には、鼠が牛の背中に乗って定められた場所に着いた途端、背中から飛び降りて牛より先に神さまの前に出たとするものもある。

漫画家・水木しげるが、鼠のずるさや不潔さ、臆病さを兼ね備えた「ねずみ男」という奇妙なキャラクターを登場させている。こうした鼠のイメージと「ねずみ男」は、無関係ではないだろう。

鼠を「つまらぬ動物」と見る発想は、十二支の動物が定められた頃から、そう遠くない秦《しん》朝の末期（紀元前3世紀末）から広まっていったらしい。『史記《しき》』という歴史書に、このような話が記されている。


始皇帝が亡くなって2代皇帝胡亥《こがい》が立ったあたりから、秦朝の指導力は急速に低下していった。そうした中で、秦朝の圧政に耐えかねた農民の陳勝《ちんしょう》と呉広《ごこう》が中心となり、紀元前２０９年に大掛かりな反乱を起こした。

この知らせを受けた皇帝は、重臣を集めて反乱の対策を論議させた。このとき、多くの者は「すみやかに討伐軍を組織せよ」と述べたが、皇帝の寵臣の叔孫通《しゆくそんつう》だけは、こう言った。

「此《こ》れ特《た》だ群盗の鼠窃狗盗《そせつくとう》するのみ。何ぞこれを歯牙《しが》の間《あいだ》に置くに足《た》らんや（ただの盗賊が、鼠や犬のようにこそこそ物を盗んでいるだけです。相手にする価値もありません）」

皇帝の胡亥は、この言葉を真に受けて「放っておいても反乱軍は自滅するだろう」と考え、何の手も打たなかった。しかしこの陳勝・呉広の乱はその後拡大して、6か月にも及ぶ大反乱になった。そして項羽《こうう》、劉邦《りゅうほう》などが、この乱をきっかけにあちこちで挙兵したために、秦朝は滅んでしまった。

確かに叔孫通は愚かな人間である。しかし、大きな組織が危機に瀕《ひん》しているときに「大したことはありません」などと言って、組織の指導者を誤った方向に導く者はどこにでもいる。

鄭氏の前掲書に現代の中国では、小さな罪や失策を犯した者が「私は、大して悪いことをしていません」と言い訳をするときに、この「鼠窃狗盗」という言葉を使うと説明されている。

ここまで、中国の文献などから個々の十二支の動物に対する中国人の評価を見てきた。読者の中には「中国人は、鼠、牛などの個々の動物について、日本人とかなり異なる見方をする」と感じた方も少なくあるまい。

私はその違いは主に、日本の古い時代の精霊崇拝の流れをくむ動物崇拝によってつくられたと考えている。

次章では、日本の動物崇拝と十二支との関わりと、日本独自の動物崇拝と陰陽五行説の融合によってつくられた十二支にまつわる習俗を見ていこう。

第3章

中国にない行事、風習ができたわけ

渡来した十二支は、日本の動物信仰といかに交ざったか

❶ 十二支を受け入れ、独自の動物信仰も守った日本人

十二支が伝わったときに日本人が感じた疑問

前章で述べたように、中国の十二支の動物は、古い時代の中国で崇拝の対象とされた動物や、吉祥《きつしょう》とされた動物から成っていた。しかし中国では文明が進むにつれて、家畜や野生動物の地位が大きく低下していった。

十二支の中で現代の中国でも重んじられている動物は、牛、虎、兎《うさぎ》、羊くらいである。架空の神獣である龍は、これとは別格のものになる。

これに対して日本では、今でも多くの動物が神さまや神使《しんし》（神の使い）として祀《まつ》られている。

古代の日本人の多くは、十二支が伝わったときに、その顔ぶれを知って不思議に思ったであろう。日本人の生活に深く関わる熊、鹿、狼《おおかみ》、狐、狸《たぬき》、白鳥、烏《からす》、鮫《さめ》などが入っていなかったからである。ここに挙げた動物はいずれも日本人に崇拝されていた。熊は奥山（深い山）を守る神とされ、鮫は海神の化身といわれた。

しかも古代の日本では、後で説明するように「龍蛇《りゅうじゃ》信仰」によって、龍と蛇とが混同されていた。

十二支が伝わったときの知識人たちは、中国の牛、羊などに対する動物崇拝を部分的に受け入れた。そのとき、彼らはこのように考えたのだろう。

「中国では、日本と異なる形の動物崇拝が行なわれている」

しかしそれとともに、日本に古くからある蛇、兎などの十二支の動物に対する信仰は、従来のまま続けられた。また鹿、鮫などの十二支以外の動物の祭祀も、これまでと変わらない形で受け継がれたのだ。

縄文人は、なぜ多様な動物を崇拝したのか

前に述べたように、縄文時代には精霊崇拝が行なわれていた（図⑫・41頁）。そのため、縄文人は次のような発想にたって生きていた。

「私たちは、人間の社会の周囲に広がる大きな自然界の力、自然の恵みによって生かされている」

そしてそのような自然界を治めるのが、目に見えない多くの精霊の集団である神とされ

た。人間も自然界の一員である。だから他の自然物と同じく、すべての人間には善良な心をもつ1個の精霊（霊魂）が宿るとされた。

このような考えから、多様な動物や植物の精霊が神として祀られた。縄文人は、猪、鹿などの狩猟で食料を得ていたが、彼らは自分たちの獲物になる動物たちを、人間より劣った生き物とは考えなかった。貴重な蛋白源《たんぱくげん》であった獣肉は、猪の神や鹿の神からの授かり物だと考えたのだ。

縄文時代の遺跡から、猪などの動物を象《かたど》った土製品が多く出土する。それらは、祭祀の対象とされた動物の精霊が宿る依り代《よりしろ》（神霊の寄りつくもの）であったと見られる。それとともに、さまざまな生き物の意匠を付した装飾付土器《そうしょくつきどき》も作られた。これは、動物崇拝の祭《さい》祀《し》に用いた土器と推測できる。

このような狩猟の猟物を神からの授かり物とする発想は、日本で後世まで受け継がれた。マタギは現代でも山に入る前に山の神を祀り、熊などの獲物を撃ったあとは、獲物の霊魂を供養する。

まずは動物考古学の成果によって、縄文時代の動物崇拝にまつわる考古資料をいくつか示しておこう。

縄文後期（4000〜3000年前）の青森県弘前市十腰内《とごしない》遺跡から、猪形の土製品が出土した。それは尻尾を立てて相手を威嚇《いかく》する、丸々と肥《ふと》った猪の姿を象った全長18センチメートルのものである。

この土製の動物は、獲物の猪を授けてくれる山の神の祭祀に用いられたものと推測できる。このような猪形土製品が、縄文時代中期（5000〜4000年前）以降の東日本各地の遺跡で多く出土している（設楽博己氏編著『十二支になった動物たちの考古学』設楽氏執筆分による）。

図㉒　縄文時代の時期区分

時期区分		年代
旧石器時代		
縄文時代	草創期	16000年前※
縄文時代	早期	10000年前
縄文時代	前期	6000年前
縄文時代	中期	5000年前
縄文時代	後期	4000年前
縄文時代	晩期	3000年前
弥生時代		1700年前(?)

※16500年前とする説もある

愛知県田原《たはら》市吉胡《よしご》貝塚からは、猿の橈骨《とうこつ》（前腕の骨）で作った耳飾りが出土した。その耳飾りを着けた人骨は、縄文時代中期（5000〜4000年前）の女性の首長のものとみられる。このような猿の橈骨で作った装身具は、愛知県の他の遺跡や岩手県、福島県で何例か出土しているという（前掲書の設楽氏執筆部分による）。

このような猿の骨の装身具は、山の神とされた猿のもつ呪力を得る、何らかの呪具《じゅぐ》であったと推測される。

このあと、十二支の個々の動物に関する日本の動物崇拝について説明したい。まず、古代日本全域で見られる「蛇神信仰」について紹介しよう。

❷弥生時代の祖霊信仰と結びついた「蛇信仰」

その姿、習性から水の神とされた蛇

人間は、飲み水がなければ生きていけない。そのため日本列島の住民は、きわめて古い時代から川や湖沼《こしょう》、泉などの近くに集落を営んだ。このような日本列島の水辺には、蛇が多く棲息していた。

古代人から見た蛇は、淡水の水辺における最強の生き物のように見えた。蛇は、蛙《かえる》でも、ネズミなどの小動物や小鳥でも、一息で飲み込んでしまう。

しかも蛇は、不思議な姿をしていた。体が細長くしなやかで、四肢がないのにすみやかに移動する。そしてその細長い体で素早く巻きついて、獲物を捕える。

蛇は普段は、とぐろを巻いて丸くなっている。ところがとぐろを巻いていた蛇は、何かを見ると一気にのびて移動し相手に向かっていく。そのような蛇の生態から、古い時代の人びとは、蛇を不思議な能力をもつ生き物だと感じた。

しかも蛇は、脱皮を繰り返す。この脱皮する蛇の習性は、死と再生や不老不死を思わせた。こういったことから、日本で旧石器時代（約7万年前？～約1万6000年前）から蛇を水の神とする発想があったと推測できる。古い時代の中国でも蛇は崇拝されたが（85頁）、日本の蛇信仰は現代まで長期にわたり受け継がれた。

縄文人は、水の神や魔除けの神として蛇を祀った。そのことをうかがわせる考古資料が多く発見されている。

長野県岡谷《おかや》市榎 垣外《えのきがいと》遺跡から、縄文早期に当たる7000～6000年前の有孔鍔付《ゆうこうつばつき》土器が出土している。その壺形の土器の上部には、周りに蛇が巻きついた人面の装飾がある。この土器の蛇は、邪悪なものを退ける魔除《まよ》けとされたものであろう。考古学者の小林青樹《せいじ》氏は、それを縄文時代の蛇信仰を示す遺物と評価している（設楽博己氏編著前掲書より）。

長野県富士見《ふじみ》町の井戸尻《いどじり》遺跡でも、頭の上に魔除けの蛇をのせた土偶《どぐう》（神像）が出土している。これは、縄文時代中期に当たる5000～4000年前のものだ。

古代の日本人は、龍と蛇を混同していた

近年の発掘の進展によって、縄文人が早い時期から原始的農耕を行なっていたことが明らかになってきた。縄文時代前期（6000~5000年前）の福井県若狭《わかさ》町鳥浜《とりはま》遺跡ではゴボウ、食用のヒョウタンなどが栽培されていた。

このような農耕が広まる中で、蛇を農耕神とする発想も生まれたとみられる。水辺の有力な精霊である蛇神が、畑作に必要な雨の恵みをもたらすと考えられたのだ。

このような背景のもとに、弥生《やよい》時代が始まる紀元前1000年頃に、日本で水稲耕作が行なわれるようになった。それは水田を開発して、効率よく大量の稲を育てるものであった。日本の水稲耕作とそれに伴う多様な文化は、中国の江南《こうなん》（長江下流域）で発展してきたものだ。

江南の稲作文化の伝来が、日本に弥生文化という新たな文化を誕生させたのだ。日本の蛇神信仰は、この弥生文化の中で大きく発展したが、弥生時代の蛇神信仰には、二つの注目すべき点がある。

一つは、江南から南方の「龍蛇信仰」が日本に伝えられたことである。ベトナム、インドネシアなどを中心とする古代の東南アジアには、蛇を水の神である龍神として祀る習俗

が広く見られた。

龍神は雷を起こす雷神で、雨の神ともされた。そのため東南アジアのあちこちに、龍蛇の神を祀って雨乞いをする習俗があった。この「龍蛇信仰」から、後述する海蛇（セグロウミヘビ）を海神とする信仰も生み出された（157頁）。

縄文時代の蛇神信仰が、このような龍蛇信仰と融合して、日本でも蛇が水神や雷神とされたのだ。

もう一つの注目すべき点は、弥生時代に新たにつくられた祖霊《それい》信仰が蛇神と結びついたことである。弥生時代早期・前期（紀元前10世紀〜紀元前5世紀初め）の人びとは、人口200人程度の集落ごとに水田を開発して農耕を行なっていた。

このような水稲耕作の発展によって、人びとは安定して食料が確保できるようになる。そのため弥生人は、自分たちの集落の水田を開発してくれた祖先に大そう感謝した。これが「祖霊信仰」という新たな祭祀を生み出した。

この祖霊信仰とは、祖先の霊魂を、水の恵みをもたらす自分たちの土地の守り神として祀るものであった。彼らは、このように考えた。

「祖先たちの霊魂（精霊）が、多くの精霊が住む神の世界で、他の精霊を従えて私たちを

守っている」（図⑬・43頁）

前に述べたように、縄文人は「私たちは大自然の力で生かされている」という世界観にたって精霊崇拝を行なった（図⑫・41頁）。しかし、弥生人は「先祖のはたらきによって私たちは豊かな生活ができる」とする発想をとった。そのために彼らは、人間を動物や植物などの上位に位置づけるようになった。

このような祖霊信仰では、土地を守る祖先神は蛇の姿をした水の神だと考えられたのだ。

神道の原形となった蛇神の祭祀

弥生人は、高床式倉庫《たかゆかしきそうこ》に稲籾《いねもみ》を保管していた。この木造の倉は、掘立柱を立てて地表から離れた高い位置に床を設けたものである。鼠は、このような米倉を荒らす害獣とされたが、これを退治するのが蛇であった。そのため米倉を守る蛇を、穀物神の神使とする発想も起こった。

弥生時代中期の紀元前1世紀初め頃に、集落が集合した人口数百人から2000人程度の小国が全国に広まった。「盆地世界」などと呼ばれる山や川で区分されてひとまとまりになった地域の人びとが、1人の首長《しゅちょう》（宗教的指導者）を立てて「国」を造ったのである。

そのような小国を守る神は、「国魂《くにたま》」と呼ばれた。国魂は、祖先神であると同時に雨の恵みをもたらす農耕神であった。日本各地に残る古代から続く日本の神社の多くは、このような国魂信仰の流れをくむ神を祀るものである。

たとえば、出雲大社の祭神である大国主命《おおくにぬしのみこと》は、古くは出雲氏が治める小国で祀られた国魂の神であった。また、東京都府中《ふちゅう》市の大國魂《おおくにたま》神社は、古くは武蔵《むさし》の地を守る国魂の祭祀の場だった。

蛇の姿をした神を祀る、国魂の神の系譜をくむ神社も多い。後で紹介する奈良県桜井《さくらい》市大神《おおみわ》神社の祭神は、その代表的な例である。

縄文時代には蛇信仰にまつわる土器などの考古資料が多く見られたが、弥生時代には祭祀関係の器物などに蛇の意匠がほとんど見られなくなった。これは弥生時代に、巨木や巨石が神の依《よ》り代《しろ》にされるようになったためであろう。

そして、大陸から銅鐸や銅剣が輸入されるようになった紀元前1世紀後半以降になると、鏡、剣などが神の依り代とされた。

そういった中で、福岡市志賀島《しかのしま》出土の金印の鈕《ちゅう》（紐《ひも》を通す部分）だけが蛇《だ》の意匠をとる蛇鈕《ちゅう》であることが注目される。その金印は後漢朝の皇帝劉秀《りゅうしゅう》（光武帝）が、57年に、博多湾沿岸を治めた小国・奴国《なこく》の首長に授けたものである。

奴国の首長は、皇帝の親族の諸王と同列の国王に任命されたのだ。その奴国王の地位を表わす金印には、蛇の鈕が付されていた。だが、これはもとは駱駝《らくだ》の意匠であった鈕を蛇の姿に再加工したものであった。

考古学者の小林青樹氏は、当時の皇帝が下賜《かし》する印章の鈕の意匠には、相手の民族を象徴する動物が用いられていたと指摘する（設楽博己氏編著前掲書より）。そこから小林氏は、倭国《わこく》（日本）独自の蛇信仰に合わせて蛇が選ばれた可能性が高いとする。

これに従えば、後漢朝で作られた金印は、日本各地に蛇信仰が広まっていたことを示す考古資料の一つだということになる。次項では、山の神の信仰と深く関わる十二支の兎、猿、猪について見ていこう。

❸山の神の使いとして神聖視された兎、猿、猪

山神の神使とされた兎と、月が結びついたわけ

古い時代の日本では、白い体毛と長い耳をもつノウサギは、瑞祥《ずいしょう》（めでたい知らせ）をも

たらす霊獣だと考えられていた。山野に多く生息する野生の兎（ノウサギ）は足が速く、大そう勘が良い。また兎の長い耳は、何でも聞いてその知識を身に付ける物知りを連想させる。

そのため古代人は、山の神が、野山でたくましく生きる賢い兎を気に入って兎を神使にしたと考えた。『古事記』に収められた稲羽素兎《いなばのしろうさぎ》の神話は、兎を神使とする発想をふまえて作られたとみられるが、その詳細は後で白兎《はくと》神社の項目（160～162頁）で説明しよう。

平安時代の法令集『延喜式《えんぎしき》』に、白兎は「月の精なり。その寿千歳《よわいちとせ》（千年）」のめでたい知らせ（瑞祥）であると記されている。古代の日本人は、満ち欠けを繰り返す月は、死と再生、つまり不死の能力をもつと考えていた。

そして白い兎は月神の神使だとされた。これは月の光の白い色が、兎の白い色を連想させたためである。これに「山の神の神使である兎が、神から預《あず》かった良い知らせを人びとにもたらす」という信仰が結びついた。そのため、混じり気のない純白の兎の出現が、朝廷で瑞祥とされたのだ。

のちになって玄奘《げんじょう》の『大唐西域記《だいとうさいいきき》』などに記された、このような話が日本に伝わった。「帝釈天《たいしゃくてん》（仏教の守護者になったインドの神）を自らの身を食料として捧げ、もてなした功績で、兎が月に棲むようになった」

　このとき、兎を月神の神使と考えてきた日本人は、すんなりと「月に棲む兎」を受け入れた。帝釈天は有力な天部《てんぶ》（仏教において天界に住む者の総称）の仏である（図㉓）。

　兎を山の神の神使とする俗信は、各地に広く分布する。近畿地方や青森県、島根県など多くの地域に、山の神の神使としての兎にまつわる習俗が見られるのだ。滋賀県高島《たかしま》市の朽木《くつき》谷には、2月、10月、11月の9日に「山の口講《くちこう》」という祭祀があり、その日の山入りは禁止される。なお、山の口講の日に、山で兎に出くわした者は死ぬと伝えられている。

猿は山神と太陽神の神使だった

　大津市の日吉《ひよし》大社とその分社が、猿を神使としていることはよく知られているが、その詳細は日吉大社のところ（164頁）で詳しく説明しよう。

　古い時代の人びとと山奥に棲む猿とは、ほとんど交渉がなかったらしい。しかし山をひらいて畑作を始めたときに、縄文人が猿の棲息《せいそく》地に入り込んだ。そして猿たちを追って畑を作った彼らは、猿を山の神の神使として祀るようになった。

　そのような時期に当たる縄文時代後期（4000～3000年前）の青森県南部《なんぶ》町・下比《しもひ》

図㉓　日本の寺院が祀る主な仏

名称	意味	例
如来《によらい》	正しく悟りを開いた仏	釈迦《しやか》如来、大日《だいにち》如来、阿弥陀《あみだ》如来、薬師《やくし》如来
菩薩《ぼさつ》	人びとを救うために生まれた悟りを求めて修行する仏	観世音《かんぜおん》菩薩、弥勒《みろく》菩薩、地蔵菩薩、文殊《もんじゅ》菩薩
天部《てんぶ》	仏法を守る守護神になったインドの神	弁財《べんざい》天、帝釈《たいしやく》天、大黒天、毘沙門《びしやもん》天、吉祥《きつしよう》天
明王《みようおう》	悪を懲《こ》らしめるため仏法を広める大日如来の使者	不動明王、愛染《あいぜん》明王、大威徳《だいいとく》明王、孔雀《くじやく》明王

良《ら》遺跡から、猿の顔をした土偶が数点出土している。それらは出産のときの猿の姿を象《かたど》ったものだ。

考古学者の設楽博己氏は、猿のお産が軽いことから、その土偶は安産を願った何らかの祭祀のために作られたと推測している（設楽博己氏編著前掲書より）。

また猿は、日の出のときに太陽を迎えるように鳴き騒ぐ習性がある。そのため、猿のこの生態を見た縄文人は、猿を太陽神の神使と考えた。

『日本書紀』に、皇極《こうぎよく》天皇のとき（7世紀半ば）に、山の峰々や川辺で猿の騒がしい鳴き声がしたことが記されている。そのとき人びとが「その猿は伊勢の大神の神使です」と言ったとある。古くは猿が、伊勢の豪族が祀る太陽神の神使とされていた。しかし、7世紀末に天武《てんむ》天皇が伊勢の太陽神の祭場に伊勢神宮を営んだあと、天照大神と猿神とのつながりは切れたらしい。

山の神そのものとされた大猪

縄文人にとって最も貴重な猟の獲物が、猪と鹿であった。そのため、彼らは精霊崇拝にもとづいて、大事な食料を授けてくれる猪の神と鹿の神をあつく祀った。前に挙げた猪形土製品（109頁）は、そのような祭祀のときの依り代であった。

考古学者の新美倫子氏によると、その他にも猪と鹿の骨を用いた動物祭祀の痕跡が、6例見つかっているという。千葉県船橋市《ふなばし》取掛西貝塚《とりかけにしかいづか》で出土した、7個の猪の頭部の骨と3個の鹿の頭部の骨の集積は、その代表的な例だとされる（設楽博己氏編著前掲書より）。

鹿の信仰については後で説明するが、猪は、日本の野生動物の中で熊や狼と並ぶ「三強」と評価すべき強者であった。だから年を経た大きな猪が、山の神や山の神の神使と考えられたのだ。

『古事記』に、倭建命《やまとたけるのみこと》（日本武尊）が、巨大な白い猪に化身《けしん》した伊吹《いぶき》山の神の祟《たた》りで氷雨（雹《ひょう》）を浴びて命を落とす話がある。また同じ『古事記』に、神功《じんぐう》皇后一行に対する反乱を企てた香坂王《かごさかおう》と忍熊王《おしくまおう》が、斗賀野《とがの》の神に挙兵の可否を問うための祈狩《うけいがり》を行なったと書かれている。

祈狩とは、狩りの獲物によって吉凶を占う行為だが、このとき神使と見られる猪が現われ、香坂王を食い殺したという。神が、彼らの反乱が「筋が通らぬもの」であることを告げたのである。

しかし、このような猪を祀る習俗は、平安時代頃から後退していったらしい。平安時代末に書かれた『今昔《こんじやく》物語集』に、猪が普賢菩薩《ふげんぼさつ》に化けて僧侶を騙《だま》そうとする話が出てくる。神の地位を失った猪は、ただの化け物と見られるようになったのであろう。

次項では、古代の鼠と鶏に関する信仰を見ていこう。

❹異界の精霊とされた鼠と、魔除けの力をもつ鶏

なぜ鼠が、地底と夜の支配者とされたのか

ここまで、水の神である蛇と、山の神とされた兎、猿、猪は、十二支の考えが伝来する以前に神として広く祀られていたことを記してきた。これとは別に、不思議な力をもつ動物として重んじられたものに、鼠と鶏がある。しかし、両者が神として祀られる例はほとんどない。

鼠は夜行性で、主に人間が眠っている夜間に活動する。また彼らは、主に地下（根《ね》の国）

に棲んでおり（そのため「根＋棲み」でネズミとなる）、日が暮れると穴から出て餌を探す。

古い時代の人びとは、そのような鼠を、人間が活動する世界とは異なる闇《やみ》の中や地下といった異界を支配する精霊だと考えた。それとともに穀物を蓄える習性のある鼠を、財産を求める財福信仰の対象とした。

『古事記』に、野原で火に囲まれた大国主命《おおくにぬしのみこと》を、鼠が地下の穴に誘って救う神話がある。これは、鼠を地下の精霊とする発想をもとにつくられたものだ。

また、鼠の財福信仰からくる「鼠の浄土」という型の民話が日本各地に見られる。それは、正直な老人が鼠の穴に握り飯を落としたことがきっかけに、鼠の穴でもてなしを受け、帰りには鼠たちから多くの宝物をもらうという話である。

しかし鼠は、他方では古くから農作物を荒らし、財蔵した穀物を盗む害獣とされてきた。静岡市登呂《とろ》遺跡の高床《たかゆか》倉庫の柱には、鼠の侵入を防ぐ「鼠返し」という水平な板が取り付けられていた。日本人は水稲耕作が始まった弥生時代から、鼠と争い続けていたのだ。

それでも弥生人たちは、不思議な能力をもち、たくましく繁殖する鼠を恐れ、時に異界の精霊として祀った。鼠自体を祭神とする神社は見られないが、後で述べるように、鼠は今も大国主命の神使として重んじられている。

天岩戸の外で天照大神を呼んだ鶏

鶏は、インドもしくはその周辺で、家畜化されたといわれている。そして弥生時代の初め頃に、中国から日本に伝来した。

その後、夜明けを告げる鶏は、闇の中にひそむ邪悪なものを退《しりぞ》けるめでたい鳥とされた。『古事記』に、天岩戸《あまのいわと》に隠れた天照大神《あまてらすおおみかみ》を岩戸の外に招くための祭祀を始めるときに、岩戸の前で「常世《とこよ》の長鳴鳥《ながなきどり》」と呼ばれた鶏を元気よく鳴かせたという神話がある。

考古学者の賀来孝代氏は、鶏が日本に伝来したあと、鶏を象《かたど》った土製品が広まっていくことに注目する（設楽博己氏編著前掲書より）。今のところ、紀元前4世紀もしくは、紀元前3世紀頃の福岡県行橋《ゆくはし》市下稗田《しもひえだ》遺跡出土の鶏形土製品が、その最古の例になる。

鶏形遺物は、弥生時代末から古墳時代初め（2〜3世紀）に増えはじめ、やがて古墳に鶏形埴輪が広く見られるようになった。賀来氏は、このような鶏形土製品や鶏形埴輪は魔除けのために作られたと考えている。

のちに鶏は天照大神の神使とされて、天照大神ゆかりの伊勢神宮や熱田《あつた》神宮（名古屋市）では、「神鶏《しんけい》」と名付けられた鶏が今も飼われている。しかし鼠と同様に、鶏を神そのものとして祀る神社は見られない。

5 古代日本の動物崇拝とは関係ない十二支

犬、牛、馬はなぜ、信仰対象にならなかったか

ここからは、十二支の残りの動物について簡単に触れておこう。

古代の日本人は、野生動物の兎、猿、猪を山の神やその神使と考えた。しかし彼らは、生活をともにする家畜の犬、牛、馬は「家族のようなもの」と考えて、崇拝の対象としなかった。

今のところ、旧石器時代の日本で犬が飼われていたことを示す考古資料はない。しかし縄文時代早期（1万～6000年前）以降の遺跡から、家畜となった犬の骨が出土するようになる。考古学者の新美倫子氏は、きちんとした墓に埋葬された犬の骨が多く出土していることに注目する（設楽博己氏編著前掲書より）。縄文中期の千葉県船橋市高根木戸《たかねきど》遺跡からは、3匹の犬を一緒に葬った墓が出ている。

家畜の犬は人間と近い関係にあったために、崇拝の対象とはならなかった。後世に狼が犬神として祀られたことについては後で触れよう。

日本列島には古くからバイソン（野生の牛）がいたが、弥生時代以前の日本に、牛を飼育していたことを示す考古資料は見当たらない。古墳時代になって牛の飼育が始まるが、当時の日本の牛は、中国で「黄牛《おうぎゅう》」と呼ばれた体高1・3メートル以下の小型の牛であった。それは主に、耕作や運搬などをさせる役牛《えきぎゅう》として使われていたらしい。

『日本書紀』に、皇極天皇のときに牛馬を殺して雨乞いをする者がいたことが記されている。これは牛を祭祀の生贄《いけにえ》にする中国の習俗を持ち込んだ、渡来人《とらいじん》の集団による行為を伝えたものであろう。

奈良時代の歴史を記した『続日本紀《しょくにほんぎ》』に、延暦《えんりゃく》10年（791）に牛を殺して漢神《からのかみ》（中国や朝鮮半島の神）を祀ることを禁じた法令が出されたと記されている。中国風の殺牛の習俗は、このあたりから廃《すた》れたのであろう。

のちに牛は天神社《てんじんしゃ》の神使とされるが、その詳細は後で記そう。

縄文時代の貝塚から馬の骨が出土した例があるから、古くは日本にも野生馬がいたらしい。しかし日本では、馬は家畜化されなかった。

家畜としての馬は、4世紀後半に朝鮮半島から日本に伝わる。以降、馬は長期にわたって、王族や有力豪族などの独占物とされた。古墳などから、有力者が用いた贅沢な装飾を施した鞍《くら》がいくつか出土している。

古代の日本では馬を崇拝する習俗はつくられなかった。しかし貴重であった馬は、神々への最高の献上品とされた。このことから、馬を神使とする神社や、神社に絵馬を奉納する習俗が生まれている。

日本にいなかった虎、羊、龍

古い時代の日本には、野生の虎や羊はいなかった。だから、古代の日本で虎や羊が動物崇拝の対象とされることはなかった。

『日本書紀』の欽明《きんめい》6年（545）のところに、虎に関する最古の記事がある。そこには、このように記されている。

使者として百済《くだら》（朝鮮半島の小国）におもむいた膳巴提便《かしわでのはてい》という者が、帰国するときに退治した虎の皮を持ち帰った。

そのあと、虎の皮が何度か日本に送られてきた。さらに平安時代の寛平《かんぴょう》2年（890）、生きた虎の子が日本に来たことを伝える文献があるが、虎が日本に広まることはなかった。

『日本書紀』によって、6世紀末に日本に羊が来たことがわかる。推古《すいこ》7年（599）に、百済が「驢馬《ろば》、羊、駱駝《らくだ》」を献上したというのである。これは、百済王が推古天皇の機嫌を取って軍事的援助を求めるために珍しい動物を献上したことを示すものである。しかし羊は日本では家畜として広まらなかった。

中国の十二支の中に龍があるが、前に説明したように中国の龍は、龍蛇信仰による身近な水の神としての日本の龍とは、別物である。

次に、古代日本で崇拝された十二支以外の動物について簡単に触れておこう。

❻日本で崇拝された十二支以外の動物

熊、鹿、狼、狐、狸が重んじられたわけ

熊は巨体をもつ、日本最強の野生動物である。人間が、この熊と出合うことはめったにない。熊は、人間が入り込まない奥山で生活していたからだ。

しかし、運悪く熊の棲息地に迷い込んで怖い思いをした者もいた。そこから「奥山には

恐ろしい神がいる」という話が広がった。古い和語で、山の奥を「くま（隈）」という。そこで、そのような「くま（隈）」を支配する神が「くま（熊）」と呼ばれた。

『古事記』に、山深い熊野の地に入り込んだ磐余彦《いわれびこ》（神武《じんむ》天皇）が、熊に化けた土地の悪神に出合って気を失う話が記されている。

縄文時代の人びとは、大切な狩りの獲物である鹿を授けてくれる鹿の神を祀っていた。農耕生活が始まると鹿猟は重んじられなくなったが、山の中で見る牡鹿《おすじか》は、立派な角を生やした美しい姿をしていた。しかも鹿の角の生え替わりが、死と再生を連想させた。そのため年を経た鹿が、山の神の神使《しんし》だとする信仰がつくられた。

のちにそのような信仰が鹿島《かしま》の地で武甕槌命《たけみかづちのみこと》と結びついて、鹿が鹿島神宮や春日大社の神使とされるようになっていった。

山に棲む狼《おおかみ》は猪、鹿、兎などの作物を荒らす害獣を捕食する益獣とされた。そのため、主に山間で畑作をする人びとが狼を山の神の神使として祀った。彼らは狼を「おいぬさま」と呼んだ。

かつて狼の一大棲息地であった秩父《ちちぶ》や奥多摩《おくたま》では、狼信仰が盛んであった。そして幕府のもとで江戸の町が発展したあと、埼玉県秩父市の三峯《みつみね》神社や東京都青梅《おうめ》市の武蔵御嶽《むさしみたけ》神社が火事除け、盗難除けの「おいぬさま」の御札を広めるようになった。このため関東各地に、狼信仰が広まっていった。

狐《きつね》は、秋から冬にかけて山から里に下りて稲を食い荒らす鼠を退治する。このような狐が、山から降りてきて稲作を助ける山神と結びついて山の神の神使とされた。

穀物神である伏見稲荷大社の祭神も、古くは狐を神使とするそのような山神の一つであった。そして稲荷信仰が全国規模に広がったあと、稲荷の神使の狐が、狐の姿に化身《けしん》する茶吉尼天《だきにてん》という仏と結びつき、福の神として祀られるようになった。

かつて山野に多く棲息した狸《たぬき》は、強い生命力をもつ生き物と考えられて山の精霊として祀られた。狸信仰は四国から広がったが、狸が熱心に崇拝された徳島県には、小さな祠《ほこら》まで含めると、約700か所もの狸を祀る神社が見られるという。

白鳥と八咫烏を祀る有名神社

現代でも、穀物を育てる稲魂《いなだま》（穀霊）の化身としての「白鳥信仰」が、日本の各地に見られる。かつて、日本の各地でオオハクチョウが見られた。シベリアから渡ってくるオオハクチョウは、晩秋に日本を訪れ、春の初めに帰って行く。

そのためにオオハクチョウが、次の年に播《ま》く稲を育てる稲魂を運んでくるとする、白鳥信仰が広まったのだ。

『日本書紀』などに、日本武尊《やまとたけるのみこと》（倭建命《わかたけるのみこと》）が伊勢で亡くなったあと、その魂が巨大な白鳥となって大和《やまと》に向けて飛び去ったという伝説が記されている。白鳥は大和にしばらくとどまったあと河内《かわち》（大阪府）に向かい、河内から空高く去っていったという。

この話は、英雄として慕われた日本武尊がいったんは亡くなり、稲魂となって再生したことを意味するものである。そのため、のちに日本武尊を祀る大鳥《おおとり》神社（鷲神社）が各地につくられた。

熊野大社は烏《からす》を神使としている。これは『古事記』などに見える、天照大神が送った八《や》咫烏《たがらす》という巨大な烏が、熊野から大和に向かう磐余彦《いわれびこ》（神武《じんむ》天皇）の道案内を務めたという伝説にちなむものであろう。

のちになって、八咫烏が3本足の烏の姿をしているという説が生まれた。これは、「太陽には金色の3本足の烏が、月には玉兎《たまうさぎ》が棲む」という中国の俗信をふまえたものだと推測される。現代の中国でも、月日が速く経《た》つことを「兎走り、烏飛ぶ」と表現する（鄭氏前掲書）。かつて「太陽神である天照大神に仕える八咫烏が、中国の太陽神の神使の烏と同じように3本の足をもつ」と考えた者がいたのであろう。

海で最強の生き物ゆえ魔除けとされた鮫の骨

海で最強の魚が、鮫《さめ》である。古代の日本では、巨大な鮫は「鰐《わに》（和邇）」と呼ばれた。縄文時代や弥生時代の遺跡から、鮫の歯や骨で作った装身具が多く出土する。

それらは身に着けて魔除けにしたものであろう。鮫は古くから、邪悪なものに勝つ海の強い精霊とされてきたのだ。それとともに、速く泳ぐ鮫は海神の神使かつ乗り物とされた。

海神が鰐の姿をしているという神話も見られる。『古事記』などは彦穂々出見尊《ひこほほでみのみこと》の妻となった海神の娘の豊玉姫《とよたまひめ》は巨大な鰐の姿をしていたと記している。

❼十二支と深く関わる年中行事や風習

十二支の流れに合わせて動いた近代以前の人びと

ここからは、十二支にまつわる年中行事と動物崇拝の関わりについて述べたい。

近代以前の日本では、十二支にまつわるきわめて多くの習俗が行なわれていた。それらの中で、形を多少変えながら現在まで伝えられたものが、桃の節句（雛祭り）、端午《たんご》の節句（こどもの日）などになる。

十二支は、江戸時代以前の人びとの生活と切っても切れなかった。このあと十二支関連の習俗について解説するが、それらには、十二支に関する陰陽五行説の原理と、日本独自の動物信仰を融合させる形でつくられたものが多い。

明治時代に近代科学が日本に広まり、日本の科学や文化、社会のあり方を大きく変えた。しかし、その転換期の前の江戸時代以前の知識人は、陰陽五行説という中国古代の経験科学にもとづいて物事を説明してきた。

第1章で説明したように、陰陽五行説は、次のような想定をもとに組み立てられたものであった。

「個々の時間や、特定の方向には、独自の性質がある」

繰り返しになるが、時間の質は、年ごと月ごと日ごとに変わる。だから子《ね》の年、子の月、子の日は「種子の中で芽が萌えはじめるような時間」だというのである（図⑨・35頁）。

それとともに、自分自身を中心に置いて見た方向にも質があるとされた（53頁）。だから陰陽五行説によれば、このようになる。

「○月△日に東方に行って交渉事をすればうまく話が進むが、その日に西方でなされた交渉事は必ず決裂する」

「時間の質に合わせた生活」が招福になると信じられた

「時間や方位の質」という考えは、近代科学で証明できるものではない。それでも近代以前の中国文化圏の知識人は、次のような発想によって、独自のさまざまな科学理論を組み立てていった。

「このようにすれば、絶対に物事がうまくいくとは言い切れない。しかし、こうすれば、不運に遭わずに幸福をつかむ可能性が高くなる」

日本にはこうした言い伝えがあった。

「女の子がいる家が、雛祭りに雛人形を飾れば、そこの女の子が元気に成長する」

それは「雛人形によって、子供が順調に育つ確率が多少高くなる」という程度のものにすぎない。「雛人形を飾らなければ不幸になる」という概念を、近代科学で説明するのは不可能なのだ。

平賀源内《ひらがげんない》は、江戸時代を代表する洋学者といわれる。しかしその源内は、西洋流の合理主義と相容れない土用《どよう》の鰻《うなぎ》の習俗を広めたことでも知られている。

「土用の丑の日の鰻」は、陰陽五行説をふまえたものである。それは「火《か》」に打ち剋《か》つ「水《すい》」の気を用いて、夏の暑さをもたらす「火《か》」の気の影響を弱めようとしたものだ（図⑰・50頁の相剋説による）。

「丑《チユウ》」の日は、植物の芽が発芽を目の前にしているような物事が起こる寸前の時間である。そのため、「火《か》」の気が強まる直前の「丑」の日に、そのあとの「火」の気の拡大を防いでおく必要がある。だから「水《すい》」の気に満ちた水の中にいる、「水」を表わす黒い色（図⑯・47頁）の鰻を食べて「水」の気を得ようとしたのだ。これは猛火に水をかけるような感覚で、「水」の力をもって「火」を弱める行為とされた。

平賀源内はエレキテルの改良などを行なった科学者だが、それと同時に、中国の経験科学である陰陽五行説にも通じていたのだ。

陰陽五行説の中の「三合の理」が生んだ多様な習俗

十二支関連の習俗の説明に入る前に、十二支の「三合《さんごう》の理《り》」について解説しておく必要

図㉔　五行の三合

季節	春			夏			秋			冬		
旧暦の月	1月	2月	3月	4月	5月	6月	7月	8月	9月	10月	11月	12月
月の干支	寅	卯	辰	巳	午	未	申	酉	戌	亥	子	丑

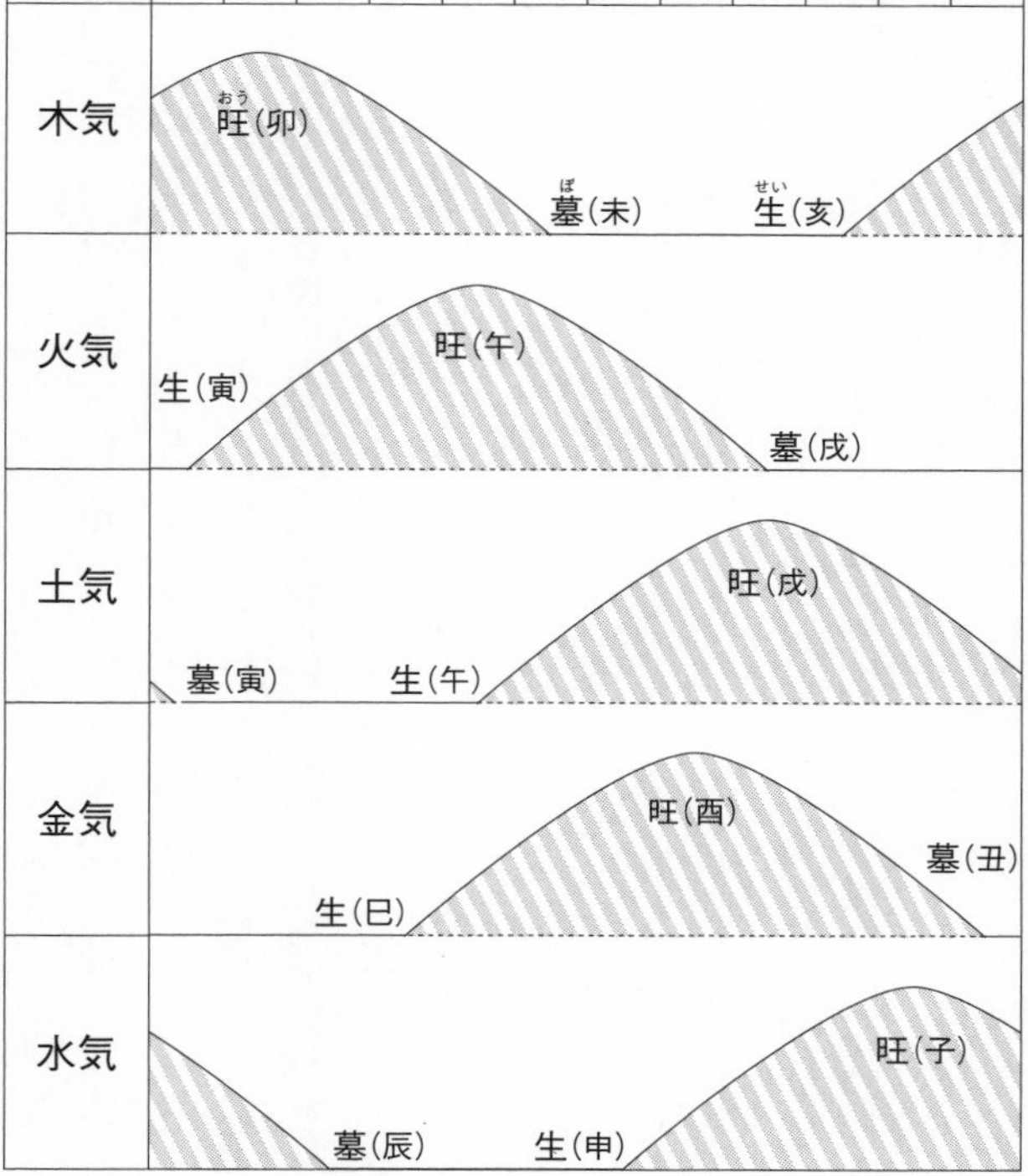

がある。

陰陽五行説の中には、「亥《ガイ》」を木気《もく》の「生《せい》」、「卯《ボウ》」を木気の「旺《おう》」、「未《ビ》」を木気の「墓《ぼ》」とする考えがある。その説は、このような意味のものだ。

「『木』の気は『亥』に起こり、『卯』に最も盛んになる。そして『未』に消える」

つまり「木」の気は、旧暦10月の亥の月に現われて旧暦2月の卯の月に最盛期を迎え、旧暦6月の未の月に去っていくというのだ。そうすると「木」の気の影響は、10月から翌年6月まで見られるが、7月、8月、9月の旧暦の秋の3か月は姿を消すことになる（図㉔・135頁）。そして、木気の「生」の亥《ガイ》と「墓」の未《ビ》も、「木」の気と相性の良い十二支とされた。

五行の「火《か》」「金《きん》」「水《すい》」にも、このような夏、秋、冬の盛りを中心とした「生」「旺」「墓」がある。「土」の三合は、季節に関わりなく、「戌《ジユツ》」を中心とした「午《ゴ》」から「寅《イン》」までの9か月となる。午《ご》が「生《せい》」、「戌《ジユツ》」が「旺《おう》」、「寅《イン》」が「墓」である。

この「三合の理」が、日本で多様な十二支の習俗をつくり出した。次項では正月行事と「三合の理」について説明しよう。

❽十二支の発想をふまえた正月行事

「金」の気を弱めるために行なわれた「羽根つき」

昭和時代の前半頃までの正月の子供の代表的な遊びが、羽根つきと凧《たこ》揚げであった。

室町時代に、羽根つきに関する最も古い記録がある。それは後崇光院《ごすこういん》（102代後花園《ごはなぞの》天皇の父、貞成《さだふさ》親王）の『看聞御記《かんもんぎょき》』という日記に、次のように書かれた。

「院が正月5日に、貴族や女房《にょうぼう》（女官）を集めて羽根つきを行ない、そのあとで宴会を開いた」

これは朝廷に仕える陰陽師《おんみようじ》の勧めで、招福の行事として行なわれたものとみられる。十二支の寅《イン》の月は、「木《もく》」の気が最も強まる春の3か月の初めの月である。そして「金剋木《きんこくもく》」（図⑰・50頁）の法則によって、「木」の気が苦手な気は「金《きん》」の気だとされていた。そのため、「金」の気を象徴する「金」の月の酉（鶏）の羽根を打って、「木」の気が強すぎる月の木気を弱めたのである。

これとともに、太陽の神天照大神の使者である鶏の羽根を空に飛ばすと、太陽の力が強まり早く暖かくなるとも考えられた。

古くは「羽根つき」を「羽根扱《こ》き」とも言い、羽根をつく羽子板《はごいた》を「扱《こ》き板」とも呼んだ。「扱《こ》く」とは、「稲を扱《こ》く」の「扱く」で、かき落とすことを意味する言葉であった。

羽根つきは、色あざやかに染めた5枚ほどの鶏の羽根をムクロジの実にさしたものを羽子板で叩くものである。このことによって、羽根に宿る「金」の気をかき落としたのだ。

のちになると、羽子板自体に御利益《ごりやく》があると考えられて羽子板が正月の飾り物とされた。浅草寺《せんそうじ》で催される贅沢な羽子板を並べた羽子板市は、現代の東京における歳末の風物詩になっている。

正月に猿回しをするのは「火」の気を抑えるため

昭和の初め頃までは、正月に猿回しの芸人が家々を巡っていた。昭和の半ば頃から猿回しはしだいに廃《すた》れていったが、現在でも猿回しに従事する者が残っている。有力な社寺の初詣《はつもう》での時期に猿回しが行なわれることもあり、可愛い猿の芸を賞《め》でる観客も多い。

この猿回しは、本来は陰陽五行説の発想にもとづく火事除けの行事であった。正月に当たる寅《イン》の月は、「火《か》」の気の「生《せい》」、つまり火事を起こす火気が生じる月に当たっている。

17世紀の絵巻に描かれた猿回し（スミソニアン博物館蔵）

そして「火《か》」の気の最も強い「火」の「旺《おう》」の月の動物である馬は、火を生じさせる能力をもつとされていた。

江戸時代、江戸の町に多く存在した武家屋敷には厩《うまや》があった。そして、火事は「火《か》」の力が最も強まる「午《ゴ》」（馬）の気が集まる厩《うまや》から起こりやすいと考えられた。

そこで正月に、水気の「生《せい》」の中《シン》の動物である猿を用いて、「火」の気をしずめる行事が行なわれるようになる。そのため、火事除けの祈禱《きとう》をする多くの猿屋《さるや》が、江戸の町の武家屋敷を巡る情景が見られるようになったのだ。

猿回しの芸は、この馬屋の祈禱の踊りをもとにつくられたものである。日本の猿が山の神の神使として親しまれていたことが、猿を神聖視する形でなされる猿回しの芸を広めたのであろう。

岡山市鹿田《しかた》遺跡から、馬の手綱を握りしめた猿を描いた8世紀後半（奈良時代後半）の絵馬が出土した。

考古学者の設楽博己氏が、その絵馬の絵は、猿を馬の守り神とする発想によって描かれたとする説を出している（設楽博己氏編著前掲書より）。もしそうであれば、猿回しの原型は、奈良時代にまで遡《さかのぼ》るのかもしれない。

「若水迎え」と「春駒」に込められた願いとは

1月の寅《イン》の月は、五行の火気の三合の「生」、つまり「火《か》」の活動が始まる月に当たっている。そのため、まだ寒い旧暦の正月の時期に、真夏の季節の火気の災いをしずめる行事がいくつかつくられた。

近年まで各地で、元日の早朝にできるだけ遠方の井戸や泉に正月用の水を汲《く》みに行く「若水迎え」の行事が行なわれていた。人びとはこの若水を、元日にやってくる「年神《としがみ》さま」と呼ばれる祖先神に供えた。

そして供えたあとの若水をいただいて、正月の雑煮を煮た。若水を飲んだり、若水で作った雑煮を食べると若返る、もしくは長寿を得られるなどといわれた。これは、若水がそ

左は勝川春英が描いた「春駒」。正月に、馬のかぶりものや馬の首の形をしたものを手に持ったりして歌い踊った。
上は福島県三春町の郷土玩具「三春駒」（TAKEZO/PIXTA）。

の年の火気などの邪気を祓《はら》う行事だったことによるものである。

このような「若水迎え」は、平安時代の宮中でも行なわれていた。

若水の行事は、火気の三合の「生」の月である寅の月の初めに、火気の活動を抑える水《みず》をいただく行為である。神聖な水がもつ水気の力で、その年の五行の「火《か》」の季節である夏の暑さによる災厄をしずめようとしたのである。これは中国の三合の考えと、日本の水を用いる祓いの習俗が習合したものだ。

江戸時代の江戸の町では、馬のかぶり物などをかぶった芸人が家々を巡る「春駒《はるこま》」の芸能が広く行なわれていた。これは火気の三合の「生」の月に当たる寅《イン》の月（1月）の始めに、その年の「火」の季節が良いものであることを願う行事であった。

火気からくる災いをしずめるために「午《ゴ》」の月を中心とする夏を象徴する馬のつくりものをかぶって、にぎやかな踊りを舞ったのだ。

それとともに、日本で神々の供え物とされた馬があちこちを巡ることが、土地の守り神を喜ばせるとみられていた。

現在でもこの春駒は、地域の祭事の形で佐渡島や沖縄に残っている。佐渡の春駒は、駒形を腰につけてヒョットコの面をかぶった男衆《おとこしゅう》が家々を巡って祝言を述べていくものである。沖縄の那覇《なは》市では、ジュリ馬の行列が行なわれている。この行列の際、「ウマガア」と呼ばれる打掛《うちか》けに前帯姿の女性が、木製馬形を帯にはさんで舞う。

福島県三春《みはる》町には「三春駒」という広く知られた郷土玩具がある。それは、火気を象徴する馬を象った縁起物で、火気の「旺」に当たる寅《イン》の月である正月に、山の神に火にちなむ物を奉納する祭祀をもとにつくられたものだ。

このように、年の始めには十二支の考えにのっとった招福のさまざまな行事が行なわれてきたのである。

⑨「雛祭り」と「端午の節句」も十二支関連の行事

3月最初の「巳の日」に行なわれた雛祭りの原形

正月以外にも、十二支の影響を受けた多様な招福・災難除けの習俗がある。

まず雛祭りだが、これは旧暦3月に邪気を祓う行事をもとにつくられた。旧暦3月の辰《シン》の月は、水気の三合の「墓《ぼ》」、つまり冬の寒さをもたらした「水」の気が消えていく月だとされていた。

それとともに辰の月は、春の3か月の終わりの月でもあった。それゆえ人びとは、次の月である旧暦4月から、火気が支配する暑気に満ちた健康を害しやすい夏を迎えることになる。

そのため古代の朝廷では、水気の「墓」である辰の月に、さまざまな厄災を流す「上巳《じょうし》の祓《はらい》」が行なわれていた。「上巳の祓」は、この月の最初の巳《シ》の日に催された。

巳の日は「万年が繁盛の極みになる」日である（図⑨・35頁）。だから3月の水気が最も強まる巳の日が、祓に最良の日とされた。上巳の祓はもともとは、中国の唐朝の習俗だったが、桓武天皇《かんむ》（737〜806年）のときに日本でも「上巳の祓」が始められたと『類聚《るいじゆう》国史《こくし》』という歴史書にある。平安遷都を行なったことで知られる桓武天皇は、中国文化に深い関心をもっていたのだ。

平安時代の天皇や貴族は、朝廷の陰陽寮《おんみようりよう》という役所の陰陽師が献上した紙製の形代《かたしろ》（人《ひと》形《がた》）を川に流していた。このような木製や紙製の形代で穢れ《けが》（身についた災いのもと）を祓う習俗は、日本で古くから行なわれてきたものである。

そして平安時代末頃から、地方の武士に「上巳の祓」の習俗が伝わった。この「上巳の祓」が庶民に広がる中で、「流し雛《ながびな》」が作られた。陰陽師の形代を手軽に入手できない庶民が、草や紙で作った人形《にんぎよう》を川に流したのだ。その頃から流し雛の風習は、3が重なる3月3日という、わかりやすい日に行なわれるようになっていった。この流し雛は、水の神である蛇神に災厄をしずめてもらう行為でもあった。

そして江戸時代に入ると、大名や上流の武士、町人が、贅沢な飾り雛を作らせるようになる。この雛人形は、縁起物として大切に扱われた。3月3日にそれを飾って穢れを人形に移し、そのあと人形を箱に納めることで祓いがなされると信じられるようになったのだ。この習俗は、今でも多くの家庭で受け継がれている。

端午の節句は「午」＝「衰微していく時間」を嫌って始まった

現在は「こどもの日」の祝日になっている端午《たんご》の節句は、もとは中国の邪気払いの行事をもとにつくられたものである。旧暦の5月に当たる午《ゴ》の月は、夏の盛りの「火」の気の「旺《おう》」の月に当たる。その頃には、暑気で体調を崩しやすい。

しかも「午《ゴ》」という時間の質は「万物に衰微《すいび》の傾向が現れる」（図⑨・35頁）という、ありがたくないものであった。そこで古い時代の中国で、午の月の最初の午の日に「衰微していく」ことを避ける厄除けがなされるようになった。この日に、邪悪なものを退《しりぞ》ける力をもつ菖蒲《しょうぶ》や蓬《よもぎ》を門に吊《つ》るしたのである。

その後、この端午の厄払いが、前に挙げた楚《そ》の詩人・屈原《くつげん》（94頁）の慰霊の行事と結びついた。楚が秦《しん》朝に併合されたことを悲しんだ忠臣の屈原は、5月5日に川に身を投げて亡くなったと伝えられる。そこでその川の近くの人びとが、彼の命日に川に粽《ちまき》を投げ込んで屈原の霊を慰めたという。これによって、中国では端午の節句の宴会が5月5日に行なわれ、その日に粽を食べるようになった。

この中国の行事にならった日本の端午の節句には、粽や柏餅《かしわもち》が欠かせないものとなった。これらは端午の午の月、午の日が属する火気の三合にちなむ食材で作られた縁起物である。

粽や柏餅の外皮は、木気の「旺《おう》」を象徴する植物で作られている。そして木気の「旺」の寅の月は、火気の「生《せい》」の月でもある。

そして粽や柏餅は、火気の「旺」の午の月を象徴する三角形、円錐形といった「火」を表わす形をしている。さらに菓子の主な材料である粉は、土気の「旺」の戌の月を象徴する土《つち》に通じる物である。土気の「旺」の戌《ジュツ》の月は、火気の「墓《ぼ》」の月でもある。

このような発想によって、火気の「生」の寅《イン》、火気の「旺」の午《ゴ》、火気の「墓」の戌にちなむ食物である粽や柏餅が作られたのだ。人びとは、これを食すことによって、火気の害を避けようとしたのである。

朝廷では古くは端午の日に、騎手が馬を競走させる競馬《くらべうま》が行なわれていた。これは馬を神への捧げ物とした日本の習俗をふまえた、馬が走る姿を神々に見せて喜ばせる行事でもあった。京都の上賀茂《かみがも》神社の賀茂《かも》競馬や三重県桑名《くわな》市多度《たど》大社の上げ馬神事は、今でも5月5日に行われる。

十二支関連の行事には、雛祭りや端午の節句のように主に中国の習俗をまねたものもある。しかし、それらの行事にも日本的要素が入っている。羽根つきや猿回し、若水迎え、春駒なども、本来は中国の思想からきたものだが、日本固有の信仰を取り込んで整えられている。

それとは別に、日本独自の祭祀が十二支と結びついた形の行事も存在する。次項では、そのような性格の強い農耕神の祭祀に関わる八朔《はっさく》と亥《い》の子餅《こもち》を見ていこう。

⑩十二支と結びついた日本の農耕神の祭祀

農村の祭祀が「八朔」「亥の子餅」の形に

農村では近年まで、旧暦8月1日に「八朔」とか「田《た》の実節句《みせっく》」と呼ばれる豊作祈願の行事が行なわれてきた。この時期は、新暦では9月前半頃に相当する。その頃は、収穫時期には早いが、稲が実りはじめる時期に当たっている。

この八朔の日に、稲の初穂《はつほ》を氏神に供える「穂かけ祭り」などの日本風の神事が行なわれていた。

しかし十二支が浸透するにつれ、十二支の酉の月に当たる8月は、金気が最も強まる「金」の「旺」の月であるとする説が広まった。このとき、固い穀物である稲籾《いなもみ》は「金」の気から生じたものとされた。そのため「金」の気が最も強まる旧暦8月の初めの、穀物の繁栄を願う行事が中国風の発想を取り入れて整備されていったのだ。そして、そのときの祭祀の供え物のお裾分けをもとに、日頃お世話になっている人に贈り物をし合うという八朔の風習がつくられた。

近年まで、農村などで亥《い》の月に当たる旧暦10月の最初の亥の日に、「亥《い》の子餅《こもち》」を搗《つ》く習俗が見られた。現代でも11月前後に、和菓子屋で亥の子餅が売られている。亥の子餅を食べると、無病息災と子孫繁栄がもたらされると信じられてきたためだ。

農村では古くから、10月と2月の山の神の祭祀が行なわれていた。山の神は、収穫を終えた10月に山に帰り、稲作の始まる2月に山から里に降りてきて田の神になるとされたからだ。

ところで10月に当たる亥の月は、水気の季節とされる冬の初めの月である。そのため中国で、「水」の気の季節の初めの亥の月に、その月にちなむブタ（猪）を象った餅を神に供える行事が行なわれていた。これは、水気がもたらす冬の寒さが軽く済むことを願うものであった。

この行事が室町時代に日本に伝わり、宮中で亥の子餅が搗かれるようになった。そして間もなく、この習俗が各地の農村に知られるようになった。そのため、10月の山の神を山に送り返す行事のときに、山の神の使いとされる猪（120頁）を象った餅を供えるようになったのだ。

日本人の科学思考の限界

これまで述べてきたような陰陽五行説にもとづく十二支関連の習俗を見ていくと、近代以前の日本人の科学思考の限界が見えてくる。

たとえば飾り雛の習俗が広まったあと、大部分の日本人は、

「雛人形を飾れば女の子が健康に育つかもしれない」

という概念を無条件に受け入れてしまった。単にこう考える者も、少なくなかったのであろう。

「みんなが雛人形を飾るから、私も雛人形を買いに行こう」

近代以前の日本の人びとの思考は、こういったところで停止してしまった。誰もが、「雛人形を飾れば招福になる」という概念の科学的根拠を追求しようと考えなかったのだ。そのため日本では、実験と綿密な思索の上に組み上げられた西洋風の近代科学が生み出されなかった。日本人の多くが、江戸時代末頃まで、

「絶対的に正しくなくても、おおむねこちらの方向が正しければ良い」という程度の発想によったしきたりに従って生きてきたのである。

次章では十二支と神社や寺院の関わりを見ていくが、その中から、ここに述べたような日本的思考の特質が、より明らかになってくるとみられる。

第4章

寺社の勢力拡大と動物の神格化

神や仏と結びつく中で十二支信仰は生まれた

◆1 神社や寺院が十二支を広めた

日本固有の動物信仰で神格化された12動物

前にも説明したように、陰陽五行説の十二支は、本来は時間の性質を知るための目安であった。しかし、十二支という中国の経験科学上の概念を象徴する動物が、日本で神社信仰と結びついて神格化された。

そのため現在でも、

「その年の十二支にちなむ縁起物を飾れば招福になる」

という言説がまことしやかに語られることになった。鼠《ねずみ》、牛などの動物に、良い運を招く力があるかもしれないと考えられたのだ。

そのような発想を曲解すると、後で説明する「お犬さま」のような行為に行き尽いてしまう。しかし後継ぎを望んで「生類憐《しょうるいあわれ》みの令」で犬たちを保護した、将軍・徳川綱吉《つなよし》の願いが叶《かな》えられることはなかった。

前章で説明したように、十二支が伝わる前から、日本では精霊崇拝にたつ動物神の祭祀《さいし》が行なわれていた。「三輪山の神は、蛇の姿で人びとの前に現われる」といったことが信じられていたのだ。そしてのちに、三輪山の祭祀の場に大神《おおみわ》神社（奈良県桜井市）がつくられることになった。

ところで、日本の十二支関連の神社と十二支の動物との関係は、二つの形に分けられる。一つは古くからの動物信仰にもとづく大神神社のようなところが、自社の祭神を十二支に関連させて権威づけたものである。

そしてもう一つは、動物信仰とつながりのない神社が、十二支の動物を新たに神使《しんし》とする形のものだ。菅原道真《すがわらのみちざね》を祀る天神社《てんじんしゃ》や天満宮が、牛を神使としたのは、その例の一つである。

バラモン教発の「十二神将」が十二支と結びつく

詳しくは後で記すが、名古屋では、正月に十二支関連の12の寺院を巡拝する「十二支巡り」が行なわれていた。この他にも十二支にちなむ寺院が、日本各地に分布している。寺院で十二支が、さまざまな形で仏と結びつけられたのだ。

古くは薬師如来に従う十二神将が、十二支と結びつけられた。たとえば子《ね》は毘羯羅《びから》大将、

図㉕　八方位の御守本尊

方位	十二支	御守本尊
北	子	千手観音菩薩《せんじゅかんのんぼさつ》
北東	丑、寅	虚空蔵菩薩《こくうぞう》
東	卯	文殊菩薩《もんじゅ》
南東	辰、巳	普賢菩薩《ふげん》
南	午	勢至菩薩《せいし》
南西	未、申	大日如来《だいにちにょらい》
西	酉	不動明王《ふどうみょうおう》
北西	戌、亥	阿弥陀如来《あみだ》

丑《うし》は招杜羅《しょうとら》大将、寅《とら》は真達羅《しんだら》大将、という具合である。薬師如来は病気に苦しむ者を救済する仏として、日本で広く信仰されている。

イラン史の専門家である井本英一《いもとえいいち》氏は、十二神将は、本来は病人が治癒《ちゆ》していくときに辿る12の段階を神格化したものであったという（前掲『十二支動物の話』より）。

この神将はもとは、インドに生息した何らかの獣《けもの》や鳥の神であったらしい。その動物神が中国で薬師如来の配下の神将とされたときに、中国人になじみ深い十二支の動物に結びつけられたと井本氏はいう。

十二神将は、古い時代にインドで信仰されたバラモン教の神であった。それが一方では仏教に取り込まれて仏に従う天部の神とされた。そしてもう一方では、インドでヒンドゥー教の神として祀《まつ》られるようになったのであろう。

この他に、八方位の守り仏を十二支と結びつける発想があった（図㉕）。現代の日本の寺院では、主にこちらの考えに従って寺の本尊と十二支を関連づけている。

八方位の方位を重んじる発想は、中国の陰陽五行説にもとづく八卦《はっけ》から生じたものである。だから「八方位の守り仏」という考えは、インドにはなく、仏教が中国に伝わったのちにつくられたとみるべきであろう。

次項から、まず古代の動物信仰にまつわる神社における十二支の役割を見ていこう。

❷古くからの蛇信仰はいかに変容したか

出雲系の神社に多く見られる蛇信仰

第3章で説明したように、弥生時代には、日本全国で祖霊信仰にもとづく「国魂《くにたま》」の名をもつ土地の守り神が祀られていた。そしてその国魂の神は、蛇の姿をした農耕神だとされた。

しかし大和朝廷が、6世紀から太陽の神、月の神などの観念的な神を重んじるようになったあと、国魂の神の地位は低下した。太陽神の天照大神に従う神々は天に住む「天神《あまつかみ》」となり、大国主神《おおくにぬしのかみ》などの神名で呼ばれた国魂の神は「天神」より格下で地上に住む「国神《くにつかみ》」とされたのである。

王家が古い時代に重んじた三輪山の大物主神《おおものぬしのかみ》は、蛇の姿の神だとされていた。そして、そのような三輪山の蛇神信仰の流れをくむ桜井市の大神《おおみわ》神社では、現在でも蛇が祀られている。

大神神社の境内には、大物主神の化身である白蛇の神が棲《す》むといわれる「巳《み》の神杉《かみすぎ》」がある。そこにはいつも蛇の好物とされる卵が、参拝者によって供えられている。

さらに境内には、神使とされた「巳《みい》さま」と呼ばれる多くの蛇がいる。「巳さまの姿を見た者は幸運を授かる」という信者もいる。

三輪山の蛇神信仰の起源は十二支の伝来より古い。しかし大神神社では、のちに十二支の呼称を縁起の良いものと考えて、神域の蛇を「巳さま」と呼ぶようになったらしい。

大神神社の大物主神は、出雲大社の祭神である大国主命と同一の神とされている。そしてこの大国主命の親族の神には、蛇神信仰と関わるものがいくつも見られる。

奈良県御所《ごせ》市の高鴨《たかがも》神社は、古くは大神神社とともに王家の守り神とされた有力な神社であった。そこには、大国主命（大物主神）の子神である味鉏高彦根命《あじすきたかひこねのみこと》が祀られている。

この神は、大蛇の姿をしているといわれる。『古事記』に収められた和歌の中に、次の句がある。

「み谷二渡《たにふたわた》らす、味鉏高彦根の神ぞ」

これは、二つの谷を越えていく巨大な蛇の姿を表わしたものといわれる。

出雲には、セグロウミヘビという輝く鱗《うろこ》をもつ大型の海蛇を龍神として祀る習俗もある。このセグロウミヘビは、旧暦の10月頃に南方から山陰地方にやってくる。そのため出雲大社や出雲市の日御碕《ひのみさき》神社、松江市の佐太《さだ》神社などでは、現在もセグロウミヘビを捕えて祀る「神迎祭《かみむかえさい》」を行なう。

ことに出雲大社では、この海蛇は「龍蛇《りゅうじゃ》さま」と呼ばれ、災難除けの神として信仰を集めている。

角が生えた蛇神を祀る神社とは

蛇を水の神として龍と呼ぶ「龍蛇信仰」(112～113頁)から、水神となった蛇が角をもつとする伝承もつくられた。奈良時代にまとめられた『常陸国風土記《ひたちのくにふどき》』という地誌に、次のような伝説が載せられている。

継体《けいたい》天皇の時代（6世紀初め）に、箭括麻多智《やはずのまたち》という者が、今の行方郡《なめかたぐん》の郡衙《ぐんが》（郡役所）があるところの西方の谷で、農地を開発しようとした。すると角をもつ蛇の姿をした夜刀神《やとのかみ》という神が、多く現われて作業を妨害した。そのため麻多智は仗《ほこ》をふるって夜刀神を斬り、彼らを山の方に追い払った。このあと麻多智は山の登り口に境の目印の杖を立て、そこに社《やしろ》を設けて夜刀神を祀ることにした。そして「境の杖から上は神の土地で、下は人の田とする」と神に宣言した。

「谷戸《やと》」とは谷の入り口の涌《わ》き水が出るところをさす言葉である。この谷戸の涌き水を引くと良い水田ができる。中世以前の関東には、このような谷戸をひらいた荘園村落が多く存在した。

箭括麻多智の子孫も、のちに自立した武士に成長し、夜刀神を荘園の守り神として祀ったと考えられる。現在も、『常陸国風土記』に見える麻多智が興した社《やしろ》の流れをひく夜刀《やと》神社が、行方市に残っている。

室町時代には、玉造憲幹《たまつくりのりもと》という桓武平氏《かんむへいじ》の流れをくむ武士が、かつて麻多智がひらいた土地を治めていた。この憲幹が、火の神を祀る愛宕《あたご》神社（京都市）の分霊を迎えて夜刀神の祠《ほこら》に合祀《ごうし》した。そのため夜刀神社が愛宕神社に変わった。現在も、この愛宕神社の本殿のそばに夜刀神社の小さな社殿がある。

仏教の弁財天と習合した水の神

有力な海神として古代に朝廷に重んじられた九州の宗像《むなかた》大社（福岡県宗像市）の分社が、日本の各地にある。この宗像系の神社の中には、仏教の弁財天《べんざいてん》信仰と結びついて神仏習合《しんぶつしゅうごう》して、鎌倉市の銭洗弁天のような弁財天を祀る神社に変わったところがいくつか見られる。

弁財天は古代インドの河を守る女神で、のちに仏教の天部とされた仏（図㉓・119頁）である。宗像大社では「宗像三神」と呼ばれる三柱の姉妹の女神が祀られていたが、その中の末娘である市杵島姫命《いちきしまひめのみこと》が弁財天と同一の神とされた。

インドには「川の神である弁財天が蛇の姿をしている」という考えもあった。そのため江島《えのしま》神社（神奈川県藤沢市《ふじさわ》）の弁財天が蛇の姿をしていたという伝説や、蛇を各地の弁天社の神使とする信仰がつくられた。

日本に十二支が広まったために、中国の龍の概念が日本人にも身近なものになっていった。このことによって、蛇神を祀っていた神社が祭神を龍神と呼ぶようになった例もある。

神奈川県箱根町《はこね》の九頭竜《くずりゅう》神社では、芦ノ湖《あしのこ》の水神が龍神として祀られている。この湖の神は、古くは蛇神だったと考えてよい。

『新編鎌倉志《しんぺんかまくらし》』という江戸時代の地誌に、江の島の弁天社の神宝に長さ1寸（3センチメートル）余りの龍角があると記されている。蛇の姿をとる江島神社の弁財天も、龍蛇信仰によって龍神にされたのである。

また、市杵島姫命などを祀る滋賀県長浜《ながはま》市の竹生島《ちくぶしま》神社の龍神拝所の前に、一対の蛇の像が安置されているが、それは龍神の神使だとも弁財天の神使だともいわれている。

次は、山の神と十二支とのつながりをみていこう。

❸山の神の神使が神社に祀られるようになったわけ

道案内の神・猿田彦の化身とされた兎神

古代の日本では兎、猿、猪が山の神もしくは山の神の神使として祀られていた（116頁）。

鳥取市の白兎《はくと》海岸に稲羽素兎《いなばのしろうさぎ》の神話にちなむ白兎《はくと》神社がある。この神社の祭神は、白兎神と呼ばれている。

海神である鰐《わに》（巨大な鮫《さめ》）を怒らせて全身の毛をむしられた稲羽素兎《いなばのしろうさぎ》は、大国主命が教えた治療法のおかげで元気を取り戻した。そのお礼に素兎が、大国主命と八上比売《やがみひめ》という女神との結婚を予言した。

このような『古事記』の神話の中で、素兎は「兎神」であったと書かれている。しかし兎が山の神の神使とされることは多いが、兎を神として祀るところは白兎神社だけである。そのため民俗学者の石上七鞘《いしがみななさや》氏は、その「兎神」が猿田彦《さるたひこ》の化身であったとする説を出している（『十二支の民俗伝承』おうふう刊）。

古代に猿田彦は、製塩の神の性格を併せ持つ神とされていた。そして猿田彦の神は、鳥取県の千代川《ちよがわ》流域から白兎海岸にかけての地域で広く祀られていた。これは因幡の製塩の民が、千代川流域で薪《まき》を採り、白兎海岸で製塩を行なっていたことによるものであると石上氏はいう。

そして八上比売は、千代川の中流、つまり製塩の民の勢力圏にある売沼《めぬま》神社の祭神で、玉類の製造の神であった。そのため、石上氏はこのように考えている。

「のちに道祖神として祀られる道案内の神でもある猿田彦が、玉を思わせる白く美しい毛並みをもつ兎に化身した。その兎神が、大国主命を玉の神である八上比売のもとに導いた」

おそらく、猿田彦が大国主命の妻を世話する話に脚色が加わって、大国主命が白兎を救う『古事記』の神話が作られたのであろう。

兎を神使とする神社は日本の各地にある。そういった神社に、兎の狛犬が設けられることも多い。

出羽三山の月山《がっさん》の山頂につくられた月山《がっさん》神社は、「月山権現《がっさんごんげん》」の名で月の神である月読《つくよみの》尊《みこと》を祀る神社である。この月山の八合めの御田原参籠所《みたはらさんろうしょ》には、神使とされる大きな兎の石像が置かれている。

さいたま市の調《つき》神社は、現在は天照大神などの三神を祭神としているが、そこは江戸時代には月の神の月読尊を祀る神社だと考えられていた。そのために調神社に、神使《しんし》とされた兎の狛犬が見られる。この神社はツキを呼ぶ神社とされて、勝負事の運を求める参拝者を多く集めている（図㉖）。

兎を月神の神使とすることのような考えは、前に記した「月の兎」（69頁、117頁）の発想からくるものである。

大阪市の住吉大社は、これとは別の由来から兎を神使としている。

住吉大社の祭神は、もとは住吉三神と呼ばれる神であった。しかし、のちに神功《じんぐう》皇后が

図㉖　十二支の狛犬のある神社の例

狛鼠	新羽杉山《につぱすぎやま》神社（横浜市） 大豊《おおとよ》神社大黒社（京都市）
狛牛	牛嶋《うしじま》神社（東京都墨田区） 北野神社（東京都文京区） 走 水《はしりみず》神社（神戸市）
狛虎	大江《おおえ》神社（大阪市）
狛兎	調《つき》神社（さいたま市） 岡崎神社（京都市） 三尾《みお》神社（大津市）
狛龍	神 宝《かんだから》神社（京都市）
狛蛇	白蛇弁財天《はくじゃべんざいてん》（栃木市） 白蛇《しろへび》神社（山口県岩国市） 道通《どうつう》神社（岡山県笠岡市）
狛馬	阿倍野《あべの》神社（大阪市） 一 宮《いちのみや》神社（徳島市）
狛羊	羊《ひつじ》 神社（名古屋市）
狛猿	日枝《ひえ》神社（東京都千代田区） 新日吉《いまひえ》神宮（京都市）
狛鶏	なし
狛戌（狼）	三峰《みつみね》神社（埼玉県秩父市） 武蔵御嶽《むさしみたけ》神社（東京都青梅市） 大嶽《おおだけ》神社（東京都檜原村）
狛猪	護王《ごおう》神社（京都市） 和気《わけ》神社（岡山県和気町）

住吉三神に合祀されたその日が卯の年の卯の月卯の日であったとされたために、兎が住吉大社の神使とされた。この住吉大社の境内には、招福の御利益があるといわれるヒスイの撫《な》で兎がある。

日枝神社の山王祭は、猿神祭りだった

比叡山の地主神とされたのが、大津市の日吉《ひよし》大社の大山咋神《おおやまくいのかみ》である。この神は山を治める「山王《さんのう》」の神と呼ばれた。そして比叡山に多くいた猿が、この大山咋神の神使として扱われた。

比叡山の主導で天台宗が広まったのちに、各地に日吉大社の分社が広まり、猿を山王の神使とする信仰も庶民に普及していった。豊臣秀吉の幼名の「日吉丸《ひよしまる》」は、山王信仰によってつくられたものである。また江戸時代に入ったあたりから、彼が山王の神使である猿に似ていたとする俗説も広まった。

比叡山の僧であった天海《てんかい》を政治の補佐役として重用した徳川家康は、日吉大社をあつく信仰していた。家康は江戸城内に日枝《ひえ》神社を造営したが、これが現在、千代田区赤坂にある日枝神社の前身である。

大津市の日吉大社には本宮参道の猿岩などがあり、赤坂の日枝神社には「神猿像」と呼ばれる猿の狛犬がある。

江戸時代のごく初めには戦国の下剋上《げこくじょう》の気風が残っており、国内の政情がまだ不穏であった。そのため幕府の主導で、江戸で国家安寧を日吉大社に願う猿神祭りが行なわれていた。しかし、国内が平和になった17世紀半ば頃から、猿神祭りに代わって、日枝神社の山《さん》王祭《のうまつり》が盛行した。山王祭の将軍の上覧が寛永《かんえい》12年（1635）に始まり、山王祭は江戸三大祭の随一といわれるようになっていった。

この他に庚申《こうしん》信仰の盛行の中で、猿田彦と習合する形で猿神が祀られた。福岡市猿田彦神社では、庚申の日に招福の猿の面が授与される。

さらに江戸時代に富士山の登拝が盛行すると、猿は富士山を御神体とする各地の浅間《せんげん》神社の神使ともされた。比叡山を本山とする天台宗系の修験者が富士信仰を布教する御師《おし》として活躍するようになったために、猿を祀る山王信仰が広まったのだ。

皇室の忠臣を助けた護王神社の神使の猪

猿を山の神の神使とする考えは、天台宗を通じて後世まで受け継がれた。ところが、猪《いのしし》

猪を神使とした京都市護王神社。境内には一対の狛猪が設けられている。(skipinof/PIXTA)

を山の神の神使とする発想は、早い時期に後退してしまう。これは稲作の発展によって、狩りの獲物としての猪が重んじられなくなったことが原因である。

こういった中で、和気清麻呂《わけのきよまろ》を祀る京都市護王《ごおう》神社と、清麻呂がひらいた京都市愛宕《あたご》神社とその分社が、新たに猪を神使とした。和気清麻呂は、皇室を守った忠臣と慕われた人物である。

奈良時代の末に、僧道鏡《どうきょう》が皇位を望む事件が起きた。そのとき清麻呂は、宇佐八幡宮に赴いて神託を得て、道鏡の野望を阻止した。道鏡の怒りを買った清麻呂は大隅《おおすみ》国（鹿児島県）に流されたが、のちに次のような伝説がつくられた。

「大隅に向かう途中で清麻呂が足を痛めたときに、３００頭の猪が現われて、清麻呂を無事に九州に送り届けた」

護王神社には一対の狛猪があり、各地の愛宕神社の中にも猪の石像を設けたところがある。十二支の動物が招福につながるとする考えが広まったのちに、和気清麻呂が猪と結びつけられたのだ。

次項では、残りの十二支にまつわる神社について簡単に見ていこう。それらの多くは陰陽五行説が広まったのちに、神社と結びつけられたものである。

4 十二支信仰の広まりで権威を高めた神社

大国主命を助けた鼠と大黒信仰が結びつく

前に述べたように、古代には鶏を太陽神の神使、鼠を地下と夜の世界の精霊とする信仰が存在した。しかし、鶏や鼠を神とする習俗は早い時期に廃《すた》れたらしい。

伊勢神宮などは鶏を神使とする考えが残っているが、鶏を祭神とする神社は見当たらない。鼠を祭神とする神社も残っていない。

しかし室町時代に福の神としての大黒天信仰が広まったあと、新たに鼠を大国主命の神使とする発想がつくられた。

大黒天はもとは、インドのバラモン教の破壊神であるシヴァ神の化身の一つであった。

それが仏教で天部《てんぶ》の仏（図㉓・119頁）に加えられたあと、寺院の台所の守り仏とされた。そのような台所を守る神が、生活の安定をもたらす福の神として祀られるようになったのだ。

この信仰は室町時代に、寺院から庶民に広まった。そのあと、「だいこく」と大国主命《おおくにぬしのみこと》の「大国《だいこく》」とのつながりによって、大黒天が大国主命と習合した。そして『古事記』に大国主命が根国《ねのくに》で鼠に救われたとする神話が記されたために、大国主命を助けた鼠が大黒さまの神使とされた。大黒さまの画像や彫刻に、鼠が見られることも多い。

神奈川県などに「子神社《ねのじんじゃ》」の神社名をもつ神社がいくつかある。それらはもとは、寺院が起こした「子権現《ねのごんげん》」などと呼ばれた「子」の方位に当たる北方を守る御堂であったといわれる。そして福の神としての大国主命信仰が広がったあとに、それらが大国主命を祭神にして鼠を神使とする子神社になった。

牛の導きで決められた太宰府天満宮の社地

古くからの動物信仰に関わりのない丑（牛）、午（馬）、未（羊）と神社との関わりは、平安時代以降という比較的新しい時期につくられたものである。

牛を祭神とする神社はつくられなかったが、学問の神である天満宮、天神社の神使の牛はよく知られている。天満宮などの菅原道真《すがわらのみちざね》を祀る神社の境内には、牛の像や撫《な》で牛《うし》が設置されている。受験の時期に、それらを撫でて合格を祈願する若者もいる。

天満宮はもとは、平安時代に藤原氏の陰謀で左遷された菅原道真の怨霊を祀る神社として起こされた。しかし江戸時代の朱子学《しゆしがく》の盛行の中で、高名な学者、詩人であった道真公が、手習いの神、さらに学問の神とされるようになった。

菅原道真公と牛のつながりについては、二つの説がある。一つは、道真公が丑年に当たる承和《じようわ》12年（845）の生まれであったために、牛が天満宮の神使となったというものである。

そしてもう一つは、九州の大宰府《だざいふ》で道真公が亡くなったときに、牛が人びとを太宰府天満宮の社地に導いたことによるとするものである。道真公の弟子の味酒安行《うまさけやすゆき》という者が、お棺を牛車で運んでいくと、牛がすがすがしい風景のところで歩みを止めてまったく動かなくなった。

そのため安行はお棺をその土地に葬り、道真公が亡くなった翌々年（905）に道真公の墳墓の地に祠《ほこら》を建てたという。これが太宰府《だざいふ》天満宮の起こりである。味酒安行の子孫は、現在も太宰府天満宮の中級の神職として続いている。

十二支にちなむその他の神社

日本で馬が神として祀られることはなく、馬を神使とする神社があるだけである。古代に限られた貴人だけが用いていた馬は、神さまも用いる「尊い方の乗り物」とされていた。そのため、神社が神使として神馬《しんめ》を飼う例も少なくない。

京都市の上賀茂《かみがも》神社や三重県桑名《くわな》市多度《たど》大社のように、この神馬を用いた競馬《くらべうま》を行なう神社もあった（146頁）。馬は神さまへの捧げ物ともされ、馬の代わりに奉納される絵馬も作られた。

東京都府中《ふちゅう》市大國魂《おおくにたま》神社には、神さまの乗り物である馬を納める所である神馬舎《しんめしゃ》が見られる。また日光東照宮など神馬を飼育している神社もある。

名古屋市には羊《ひつじ》神社がある。社伝には、新羅《しらぎ》からの渡来人《とらいじん》である羊大夫《ひつじだゆう》が現在の社地のそばに屋敷を構え、羊神社をひらいたとある。

「羊神社」というのはあくまで神社名で、羊がこの神社の神使とされたわけではない。しかし、十二支の動物を招福の縁起物とする考えが広まったあと、12年に一度、羊年の正月に羊神社に参拝する者が増えるようになった。ちなみに羊神社には、親子の狛羊《こまひつじ》が安置されている。

名古屋市の羊神社にある親子の狛羊。とはいえ、羊がこの神社の神使というわけではない。(corosukechan3/PIXTA)

虎については、日本人になじみのない動物であったために、虎を祭神や神使とする神社は見られない。

それでも大阪市の大江《おおえ》神社には狛虎があり、阪神タイガースのファンの参詣者を集めている。そこは、古くは四天王寺《してんのうじ》に属する神社であった縁で、虎を従えた毘沙門天《びしゃもんてん》を祀っていたからであろう。

前に狼を「お犬さま」として祀る習俗を紹介したが、犬を祭神や神使とする神社は見当たらない。そのため、戌年には犬を祀る神社ではなく、狼つまり「お犬さま」関連の神社にお参りする人びとがいる。

陰陽五行説が広まる中で、日本古来の祭祀が次々に、特定の干支と結びついていった。

次項では、そうした祭祀と十二支の関連を見ていこう。

5 特定の干支の日に行なわれる祭祀とは

卯日《うのひ》に行なわれた「新嘗祭」

日本人は水稲耕作が広まった弥生時代から、稲の種播《ま》きの前と収穫ののちに、農耕神の祭祀を行なっていたとみられる。そして、それらをもとに、宮中で行なわれる祈年祭《きねんさい》、新《にい》嘗祭《なめさい》がつくられた。各地の神社でも、春と秋に祈年祭、新嘗祭に当たる春祭りと秋祭りがひらかれている。

古くはその年の気候をみて、種播きや収穫の日取りを決め、それに合わせて春と秋の祭祀を行なっていたのであろう。しかし、時間の質に関する十二支の考えが日本に広まったあと、春と秋の祭祀が特定の月の特定の干支の日にひらかれるようになった。

日本では神々に収穫を感謝する新嘗祭が、最も重要な農耕祭祀とされてきた。さらに新たな大王（天皇）が即位して間もない特に選ばれた年に、新嘗祭に代わって大嘗祭《だいじょうさい》が行なわれた。この特別の祭祀を終えたあと、王位（皇位）継承者は、初めて正式の大王（天皇）として扱われたのである。

7世紀末の天武《てんむ》天皇の時代に、大がかりな朝廷の祭祀の整備がなされた。このときから新嘗祭は、11月の中卯日《なかのうのひ》、つまり2番めの卯の日に行なわれるようになった。

これは、子の月の中央と午の月の中央とを結ぶ子午線《しごせん》を、1年の陰陽を分ける最も重要な軸とする陰陽五行説によったものである。冬の盛りの子《ね》の月から夏の盛りの午《うま》の月への時間の流れが「陽」の「気」で、その反対の午の月から子の月への流れが「陰」の「気」だとされたのだ。

それゆえ本来、農耕祭祀は、万物が育つ子の月の中央から午の月の中央にかけて続けねばならない。しかし、毎日大掛かりな祭祀を行なうわけにいかない。そこで、この「陽」の時期の「気」を象徴する特別な卯の日に限って、新嘗祭をひらくことになった。

この新嘗祭は、「陽」の期間が始まる子の月つまり旧暦11月の中央に近い卯《う》の日に始まる。この卯の日は、おおむね月の中央の子の日と、月の中央の午の日の真ん中の日に当たる。子の日のあとに丑《うし》と寅《とら》の日があり、次が卯の日である。その先に辰《たつ》と巳《み》の日があり、午の日に続く。そして卯の時間は、草木が地面を覆う（図⑨・35頁）、万物の成長の時間の中心を象徴する農耕祭祀にふさわしい日であった。

このような形で、次の年の作物の成長と実りを意味する特別な日に、新嘗祭がひらかれてきたのだ。

そして年が明けて、旧暦2月つまり卯の月がくると、豊作祈願の祈年祭がひらかれた。これは新嘗祭の卯の日と同じく、成長の時間の中心である卯の月に行なわれる。古くは祈年祭は旧暦2月4日に行なわれていたが、明治時代に2月17日に改められた。

「春日祭」は申の日に、「酉の市」は酉の日に

神社の祭祀の中にも、特定の十二支の月日に行なわれるものがいくつかある。

奈良市の春日大社で11月と2月に開催される春日祭《かすがのまつり》は、申《さる》の日に行なわれるので「申祭《さるまつり》」とも呼ばれてきた。しかし本来は、11月の祭りは収穫感謝の祭祀で、2月の祭りは豊作祈願の祭祀であった。

この祭りは嘉祥《かしょう》3年（850）に、朝廷の主導で始められた。11月と2月の初申《はつさる》、つまり月の最初の申の日に、京都から奈良の春日大社に上卿《しょうけい》（担当の公卿）を中心に編成された祭使が派遣され、大掛かりな祭りが行なわれたのである。

この春日祭が行なわれる申の日は、「申、子、辰」の水《すい》気の三合の中の「生」、つまり水気の起こりの日である（図㉔・135頁）。このような11月の祭祀は、渇水期《かっすいき》（雨が降らない時

期）の奈良盆地に水を求める水祈願でもあった。

また豊作を祈る2月の春日祭は、穀物を育てる木気の月に行なわれた。これは「水生《すいしょう》木《もく》」の考え（図⑰・50頁）にたって、申の日の水気の力で、2月の木気を強めようとするものであった。

東京の鷲《おおとり》神社などでひらかれる「酉《とり》の市《いち》」は、商売繁昌を願う祭祀として、多くの参拝者を集めている。この酉の市は、江戸時代に子の月である旧暦11月の酉《とり》の日にひらかれていた。

子の月は五行の「水」に当たる冬の盛りの月で、「陰」の気の流れから「陽」の気の流れに変わる一陽来復《いちようらいふく》の時期に当たっている。この月で金気の最も強まる「酉」の日に、万物が繁栄していく「陽」の気に乗る形をとり、金運の向上を願ったのである。

一陽来復の「復」は「福」に、酉は「取り込む」の「取」に通じる。そのため酉の市の日は「福取り」の日となり、福をかき集める行為を象徴する熊手が、酉の市の縁起物とされたのである。

この他にも、十二支にまつわる祭りは多い。蛇の姿をとる弁財天の巳日《みのひ》の縁日や、稲荷神社で「火《か》」の気が最も強まる午《うま》の日に行なわれる初午《はつうま》の祭祀など挙げていくときりがない。初午は「火生土《かしょうど》」の考えから、農業に必要な作物が良く育つ豊かな土を求めたものだ。

十二支と関わる仏事や、十二支関連の寺院もいくつも見られる。次項では、十二支と日本の仏教の関わりを見ていこう。

❻十二支を取り込んだ日本の仏教

お盆に来訪した祖霊は火気の馬に乗って帰る

仏教が誕生したインドには、十二支の発想は見られなかった。ところが仏教が中国を経て日本に伝わる過程で、さまざまな仏や仏事が十二支と結びつけられた。

その中には、中国で十二支と結びつけられたのちに日本に伝わった十二神将（153頁）の例もある。しかし、本来は日本独自の習俗であったものが仏教と結びつき、その後で十二支の考えを取り込んだ形のものも多かった。これから紹介するお盆は、その一例である。

古い時代のお盆は、1年の半ばに行なう祖先神の祭祀の日であった。古代の日本人は、1月1日と7月1日に相当する1年の初めと半ばの区切りの日を、祖先神（祖霊）の祭祀の日としていた。

その日には「年神《としがみ》さま」と呼ばれる祖先神が、子孫の家を訪れてくると考えられた。そのため、6月と12月の晦日《みそか》に、年神さまがくる前に身を清めるための大祓《おおはらい》が行なわれた。現在でも多くの神社で、大祓の神事がひらかれている。

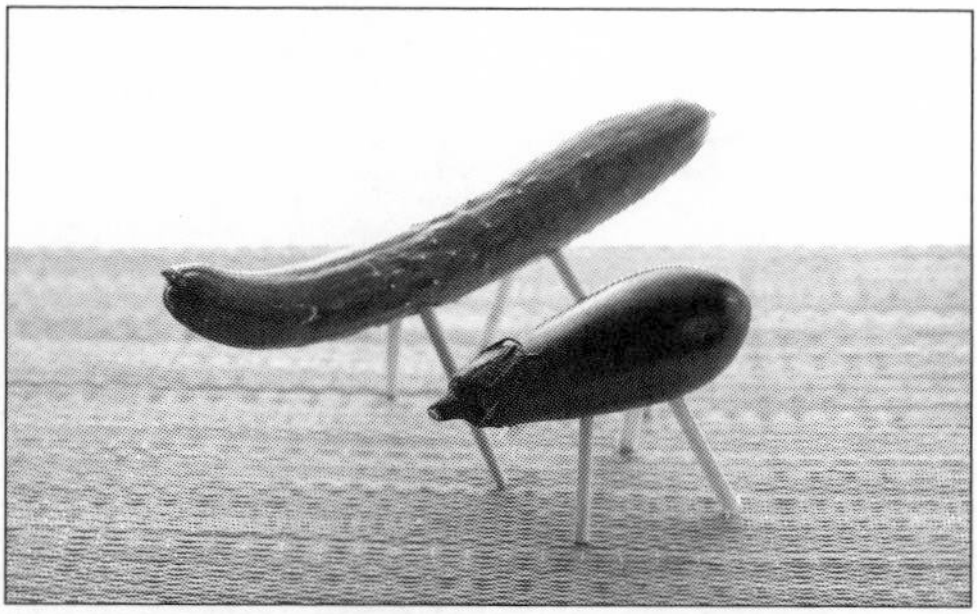
キュウリで作った馬とナスで作った牛。これをともに精霊馬という。(kikisorasido/PIXTA)

1月の年神さまを迎える祭祀をもとに、今日の正月行事がつくられた。そして7月の年神さまの祭祀が、中国風の先祖供養の盂蘭盆会《うらぼんえ》と結びついてお盆となった。

古い時代には「年神さまの祭祀には、水と火が欠かせない」という考えがあった。だから正月には年の初めに若水《わかみず》を汲《く》み（140頁）、とんど焼き（どんど焼き、左義長《さぎちょう》とも）の火によって祖先の霊魂である年神さまを送ったのである。

これに対してお盆では、7月13日の夕方に戸口で門火《かどび》を焚《た》いて祖霊を迎えた。そしてお盆の終わりには、灯籠《とうろう》を川や海に流す精霊《しょうりょう》流しによって祖霊を送り出した。

なお、門火を焚く前に、キュウリで馬を、ナスで牛を作るが、これは火気の最盛期である「午《うま》」の火の力を象徴するものだ。仏さま（祖霊）はキュウリの馬に乗り、ナスの牛を従えて帰ってくると考えられた。

1月には若水とともに祖霊を迎え、とんど焼きの火によって祖霊を送る形がとられた。これに対して7月には火の力で祖霊を迎え、灯りとともに祖霊を水に満ちた世界に送り返したのだ。これは、次のような発想によったものである。

「祖霊は1月から7月までは万物を成長させる火気の世界におり、7月から1月までに万物をゆっくり休ませる水気の世界にいる」

十二支関連の寺院へ初詣でに行くという風習

十二支が福を招くとする考えが広まったあと、十二支に関連する寺院への初詣《はつもう》でも盛んになっていった。

京都には、洛陽《らくよう》十二支妙見《みようけん》巡りがある。子《ね》としては上京区《かみぎようく》の善行院《ぜんこういん》、次の丑《うし》では上京区の本満寺《ほんまんじ》をお参りする。これらは京都御所を中心に、御所から見て、子、丑、寅などの方向にある妙見菩薩《みようけんぼさつ》を祀る12の寺院を選んだものである。この12か所の寺院を巡ると、良い運が得られるとされた。

名古屋では、一時期「大名古屋十二支巡拝」が盛行した時期があった。八方位に絡めた十二支関連の仏を祀る寺院が、名古屋のあちこちにある。そこで、子の千手観音菩薩《せんじゅかんのんぼさつ》は北区の久国寺《きゅうこくじ》、丑の虚空蔵菩薩《こくうぞう》は東区の建中寺《けんちゅうじ》、といった形の巡拝が行なわれたのだ。名古屋に12の区があったため、1区につき寺院1か所ずつを選んだのである。大須《おおす》観音が、この巡拝を総括した。

戦災にあった名古屋では、七福神を祀る社寺のいくつかが荒廃して七福神巡りができなくなった。そのために昭和30年（1955）に、この十二支巡拝が始まった。しかし、昭和50年代に入って正月の七福神巡りが復活してくると、十二支巡拝のほうはしだいに廃《すた》れていった。

この他に、初詣でで賑わう特定の十二支関連の寺院があちこちにある。以下、その例を挙げよう。

- 寅年…虎を従える毘沙門天《びしゃもんてん》を祀る京都の鞍馬寺《くらまでら》、東京の善国寺《ぜんこくじ》など
- 辰年…東京の深川の成田山。本堂の横に、仏法《ぶっぽう》を守る神を祀る深川龍神が祀られている
- 巳年…境内に蛇神弁財天の像を祀る、東京の墨田区の木母寺《もくぼじ》。木母寺は、人買いにさら

われて京都から関東に連れてこられ、亡くなったという梅若丸《うめわかまる》の霊を慰めるために建立されたことで知られる

- 未年…虚空蔵菩薩《こくうぞう》を祀る京都の法輪寺（仏の従者の羊の像がある）、京都の三宗寺《さんそうじ》（妙見堂に従者の犬の像がある）
- 亥年…東京の上野の徳大寺《とくだいじ》（猪に乗った摩利支天《まりしてん》の像を祀る）

このように十二支は、日本の神道や仏教と深く結びつく形で広まってきたのである。次章では、日本の歴史の中に見える、十二支関連の興味深い出来事をいくつか取り上げていこう。

第5章

十二支の受容と広まりを日本史からたどる

柔軟に姿を変え、占いとして定着

❶日本への十二支の長い旅

十二支が日本人に与えた影響を振り返る

十二支は、本来「陰陽五行説」と呼ばれる中国特有の経験科学を構成する理論の一つであった。

「十二支を知ることによって、特定の時間、特定の方向の性質がつかめる」

この考えにたって、十二支に関する占術が深められてきたのである。

近代科学が広まる以前の日本では、十二支は「知識人が共有する教養」とでも呼ぶべき概念であった。しかし、江戸時代以前の人にとってあまりにも身近なものであった十二支が、日本の歴史を動かす場面はほとんどない。

近代科学とそれに伴う技術の発展が、歴史を書き換えた場面は多い。産業革命がもとになって、欧米の強国が植民地支配を展開した帝国主義の時代が訪れた。今日のＩＴ技術のめざましい発展やＡＩの出現は、歴史をどのように書き換え、私たちに何をもたらすのであろうか。

百済が十二支を日本に伝えた

十二支は、最初は特定の年月日を示す符号として日本に伝わった。中国から輸入された銅鏡などに、それらが作られた年代を、干支《かんし》を用いて記す銘文をもつものがあったのだ。

そして4世紀以前には、朝鮮半島の国々で干支による年代の表記が広まっていく。百済《くだら》から応神《おうじん》天皇に賜られた『石上神宮《いそのかみじんぐう》所蔵七支刀《しちしとう》の銘文《めいぶん》』には、「泰和《たいわ》四年（369）五月十六日丙午《ひのえうま》」の表記が見える。文中の「丙午」は5月16日の干支を表わすものだ。

日本と百済の国交が始まった4世紀末に、百済から日本に、漢文や中国の学問に通じた学者が送られてくるようになった。彼らは朝廷で「史《ふひと》」と呼ばれる官職について、外交文書や記録の作成などを行なった。

そのような史は、干支による年代の表記を使いこなしていた。朝廷の史の手になると見られる『稲荷山《いなりやま》古墳出土鉄剣銘文』には「辛亥年《しんがいのとし》（471）」の表記がある。しかし、十二支の理論の伝来についての最も古い記録は、『日本書紀』の継体《けいたい》7年（513）7月の次のような記事になる。

「百済が五経博士《ごきょうはくし》段楊爾《だんようじ》を、日本に送った」

五経博士とは、一定の期間を限って日本に滞在し、『五経（中国で儒教の基本的な古典とされた)』を教える学者である。段楊爾という五経博士が教えた『五経』の中には、十二支と関連の深い『易経《えききよう》』もあった。

暦を学ばせ、陰陽五行説を広めた聖徳太子

『日本書紀』に、欽明《きんめい》15年(554)2月に百済が、日本に有益な人材を送ってきたことを伝える記事がある。このとき、五経博士の王柳貴《おうりゆうき》、易博士《えきはくし》の王道良《どうりよう》、暦博士《れきはくし》の王保孫《ほうそん》をはじめ、医博士《いはくし》、採薬師《さいやくし》、楽人《がくじん》らが朝廷に仕えるようになった。

さらに、聖徳太子が国政を主導していた推古《すいこ》天皇の時代に、百済の僧観勒《かんろく》が暦本、天文・地理書、遁甲《とんこう》(中国の占星術の一種)・方術書をもたらした(602年)。このとき陽胡玉陳《やこのたまふる》らに、観勒についてさまざまな学問を学ばせたとある。

これは、聖徳太子の意向によってなされたものであろう。このときから、日本で十二支と関係が深い暦や遁甲の専門家が養成されるようになったのだ。それから間もなく百済の博士ではなく、陽胡玉陳ら日本人による編暦が始まったとみてよい。

聖徳太子自身も、日本に渡来した慧慈《えじ》、観勒らの学問僧について陰陽五行説を学んだ。聖徳太子が定めた冠位十二階(603年)は、冠位を十二支に通じる中国天文学の「12」

の聖数で区分したものだといわれる。

また、聖徳太子が作成した『十七条憲法』（604年）の17という条数は、陰陽五行説にたつものだといわれている。17とは、最大の陰の数字（偶数）8と最大の陽の数字（奇数）9とを合わせたものだとされているのだ。

聖徳太子の活躍がきっかけとなって、貴族層が陰陽五行説を有効な学問と評価するようになった。そのため朝廷に、儒学や漢詩の他に陰陽五行説を学ぶ貴族が増えていった。

一方、それとは別に、早い時期から十二支と招福とを結びつける発想も広まっていたらしい。

『正倉院文書《しょうそういんもんじょ》』の中の各地の戸籍に、牛麻呂《うしまろ》、牛売《うしめ》、刀良売《とら》、竜、竜麻呂、竜女、馬手、馬売、猪麻呂《い》、猪売、羊、羊売、申《さる》、申麻呂、未麻呂《み》などの十二支にちなむ名前が見える。牛麻呂は丑年生まれといった形で、これらの人物名の中の動物と、生年の干支の多くが合致している。

次項では、十二支の知識の広まりによって貴族が恐れるようになった「革命の年」と「鬼門」を見ておこう。

❷辛酉革命説と方位、時刻の考え方を受け入れる

聖徳太子が王家の起こりを「紀元前660年」とした

十二支や十干《じっかん》が時間の質を表わすとされたことから、古代の中国で次のような考えが生まれた。

次に説明する、甲子革令説《かっしかくれいせつ》や辛酉革命説《しんゆうかくめい》がそれに当たる。後で紹介する「丙午《ひのえうま》の女性は夫を食い殺す」という俗説も、これと同じ発想にたつものだ。

十干の「甲《コウ》」は種子が厚い皮をかぶったような物事の始まりの時間で、「子《ね》」は種子の中で生命が萌えはじめる始まりの時間とされていた（図⑥・29頁、図⑨・35頁）。そのため、60年に一度巡ってくる「甲」と「子」が結びついた年に、新たな物事が始まるとされた。

ゆえに、平安時代の朝廷の学者の多くが、このように説いた。

「聖徳太子は甲子の年である推古12年（604）に、大王を頂点とした新たな秩序を作るきっかけとなる『十七条憲法』を発布した」

十干の「辛《シン》」も、十二支の「酉」も、「金」の「陰」の気に属している。五行の「金」には「干戈《かんか》を交《まじ》える」（武器を用いて戦う）という意味がある。そして、それが「陽」の明るい方向でなく、「陰」の暗い方向に向かうと深刻な戦乱になると考えられた。

つまり「甲子」は物事の始まりの年、「辛酉」は戦乱の年とされたのだ。ここに挙げた「甲子《きのえね》（かっし）の年」と「辛酉《かのととり》（しんゆう）の年」は、必ず60年に一度やってくる。

この他に陰陽五行説には、干支が21回巡る1260年を「一蔀《いちぼう》」という特別の年とする考え方もあった。そこから一蔀を経た辛酉の年に、王朝交代かそれに匹敵する変革が起こるとする説が出されてきた。そのために、殷朝から西周朝への王朝交代がなされた年に近い甲子と辛酉の年を基準にした「讖緯《しんい》説」がつくられた。それは、西周朝成立の年の120年後の甲子と辛酉の年に変革が起こるとするものだ。

現在の歴史学では、殷から西周への王朝交代は紀元前1027年頃だとされている。そうすると、次の甲子革令と辛酉革命は、3世紀前半になるはずである。

しかし聖徳太子の時代には、推古9年（601）を辛酉革命とする説がとられていた。そのため、太子は自らがまとめた歴史書の中で、初代の神武天皇の即位を601年の1260年前、つまり紀元前660年の辛酉の年とした。

日本では、一蔀（1260年）ごとにくる革令や革命の年ほどでなくても、甲子や辛酉の年に変革があると考えられた。そのために皇室は、江戸時代以前には、甲子と辛酉の年に災厄を避けるための改元を行なってきたのである。

八卦の八方位と鬼門の考えが広まる

中国では西周朝の時代から、天空を十二支に対応する十二方位に分ける形をとった天体観測が行なわれていたと推測できる。これを受けて地上の方位も、十二支の十二方位に区分されるようになった。

そのあと中国で、陰陽五行説の中の易《えき》が盛行した。易の考えは西周代につくられたとする考えもあるが、現在は易が流行するのは戦国時代末以後であるとされている。

易は、物事を八卦《はっけ》という八つの要素に分けるものであった。だから易では、方位は東西南北と北東、南東、北西、南西の八方位に区分される。このような易が広まったあと、十二支による方位占いにも、易が用いる「北東、南東、南西、北西」の概念が加えられた。これによって北北東に当たる丑と東北東に当たる寅の間は、艮《うしとら》とされた。同じようにして巽《たつみ》、坤《ひつじさる》、乾《いぬい》の方向も設定された（図⑲・53頁）。

図㉗　江戸時代の時間の数え方

【※1】時間の数え方	江戸の時間	目安の時間	干支で表す時間
9×1＝9	暁　九つ	0時	子（23時～1時）
9×2＝18	八つ	2時	丑（1時～3時）
9×3＝27	七つ	4時	寅（3時～5時）
9×4＝36	明け　六つ	6時	卯（5時～7時）
9×5＝45	朝　五つ	8時	辰（7時～9時）
9×6＝54 ←	四つ	10時	巳（9時～11時）
（以下繰り返し）	昼　九つ	12時	午（11時～13時）
この1の桁だけを見る	八つ	14時	未（13時～15時）
	夕　七つ	16時	申（15時～17時）
	暮れ　六つ	18時	酉（17時～19時）
	夜（宵）五つ	20時	戌（19時～21時）
	夜　四つ	22時	亥（21時～22時）

【※1】時の数は、昼夜の真ん中（12時・0時）の「九つ」から始まる。易学で宇宙の根源を現わす陽の意味である「9」から始まって、倍にしながら一桁だけを読むので、時間がたつごとに数が減る。

その後、そういった方位をふまえて、地相、家相などを判断する風水《ふうすい》が発展していった。日本の風水では、艮《うしとら》つまり北東は凶方位とされる。この考えは古い時代に中国から伝わったものだ。

朝廷が中国の諸制度を取り入れた7世紀半ばに、十二支を用いる時刻制度（52～53頁）も日本に入ってきた。そのため天智《てんじ》天皇の時代に、初めて漏刻《ろうこく》という水時計が作られている（671年）。このあと陰陽道を担当する陰陽寮《おんみょうりょう》が水時計を管理し、鼓《つづみ》を打って宮廷の人びとに時刻を知らせるようになった。

中世に入ると、各地の寺院が鐘《かね》を撞《つ》いて時刻を告げた。おかげで十二支による時刻が、しだいに庶民になじみ深いものになっていった。江戸時代には時刻を知らせるために打つ鐘の数で、人びとに現在の時刻を教えた。現在の午前6時に当たる卯《う》の刻には鐘が六つ鳴らされたので、卯の刻は「明け六つ」とも呼ばれたのだ（図㉗・189頁）。

次項では、平安時代から中世にかけての十二支の広まりを見ていこう。

❸陰陽道の広まりと庚申信仰の流行

占術がメインの陰陽道が誕生したわけ

中国の陰陽五行説は、きわめて複雑で難解な学問であった。それは次のような発想にたつものであった。

「陰陽と五行の流れを読めば、将来の出来事を予測し、統治者がなすべき政策を知ることができる」

しかし陰陽五行の動きを知るには、十干、十二支、易、その他の多様な要素を合わせて考えていく必要がある。しかも手間をかけて導き出した判断が、必ず当たるという保障はない。

それでも中国の学問を好んだ天武《てんむ》天皇は、陰陽五行説に強い関心をもった。彼は大海人《おおあま》皇子と呼ばれた時代に、甥《おい》（実際は義理の甥だとも）の大友《おおとも》皇子と王位を争い、壬申《じんしん》の乱《らん》という内戦を起こした。この戦乱のさなかに大海人皇子は、式盤《ちよくばん》という占術の道具を用いて占い、「自分が天下を取る」という占いの結果を得た。

乱に勝利して王位に就いた彼は、間もなく「大王」の称号を「天皇」と改めた。「天皇」とは、陰陽五行説にたつ天文学が重んじた北極星をさす言葉である。

このあと天武天皇は中央や地方の官制を整える中で、占術、天体観測、暦、水時計などを扱う陰陽寮を整備した。それとともに、僧侶などの陰陽寮の役人以外の者が陰陽五行説を学ぶことを堅く禁じた。

しかし、奈良時代の後半頃から、皇室は有力寺院を保護し陰陽寮を重んじなくなる。そのため平安時代半ば以降、有力貴族に個人的に雇われる陰陽師が活動するようになった。

そうなると陰陽師は、相手の要望に応じてさまざまな悩みに答えねばならなくなる。彼らは本来は、高尚な経験科学の研究者であった。しかし目先の利益を求める相手に、難解な話を展開したうえで、「結論はこちらの可能性が高い」と言っても通じない。だから彼らは密教、修験道、民間信仰などのさまざまな知識を吸収し、主に占術を用いて依頼者の良き相談者になろうとした。

このようにして、占術を中心に組み立てられた日本独自の陰陽道（図⑪・39頁）がつくられていった。平安時代後半の陰陽寮の陰陽師は、主に「六壬式占《りくじんしきせん》」という複雑な占術を行なっていた。しかし、貴族に個人的に仕えた陰陽師たちは、場面に合わせた簡略な占術をいくつも使い分けていたらしい。

国司として地方に赴《おもむ》く中流貴族の多くが、陰陽師を従えて各地の国衙《こくが》（一国の政治に当たる役所）に向かった。陰陽師は、国司の職務に欠かせない武士、文官、職人などと同じように扱われたのだ。

このような陰陽師が、武士などの地方の有力者の求めに応じて相談事を占ったり、簡単な占術を教えたりしていたのであろう。

なぜ庚申の日に、寝ずに宴会を催したのか

平安時代末頃から、干支の考えをふまえた庚申《こうしん》信仰が広まりはじめた。これは中国の三国時代から西晋《せいしん》代、つまり3世紀半ばに道教の道士《どうし》の間で流行した、次のような「三尸説《さんしせつ》」にもとづくものである。

「人間の体の中には三尸という虫がいる。虫たちは、庚申の日の主人が眠っている間に天帝のもとに赴《おもむ》く。そして、自分が宿る人間が犯した罪過について報告する」

「庚」も「申」も、金気に「陽」の気に属する日である。「金」の気は正義を行なうという意味をもっており、それがはっきりした形で現われるのが「金」の「陽」の気の時間である。そこで「金」の「陽」の十干と十二支が重なる庚申の日に、三尸が正義を行なうとされたのだ。

平安時代に園城寺《おんじょうじ》の密教僧の手で、三尸説を紹介した『老子守庚申長生経《ろうししゅこうしんちょうせいきょう》』が書かれた。この書が普及したことをきっかけに、庚申の日に三尸が天帝のところに行けないようにするために、集まって寝ずに過ごす庚申講《こうしんこう》が広まっていく。保元《ほうげん》の乱で敗死した藤原頼《より》長《なが》や、源頼朝、源実朝《さねとも》が庚申講を行なったという記録もある。

庚申講は室町時代後半から庶民の間にも伝わり、江戸時代に入ると「サルつながり」で猿田彦《さるたひこ》の神が祀《まつ》られるようになった。

この庚申講の広まりは、十二支が庶民になじみ深いものになっていく動きと深く関わっている。次項では、江戸時代の十二支の広まりを見ていこう。

❹自らの生まれ年の「犬」を保護した将軍

暦の普及で身近になった十二支

十二支などの占術は、戦国時代頃まで一部の有力者の独占物であった。これは主に、日の吉凶などを示す暦注《れきちゅう》を記した暦《こよみ》が容易に入手できなかったことによるものである。

確かに鎌倉時代に入った頃から、公家が陰陽道を独占することはなくなっていた。各地で修験者や密教僧、有力な神社の社僧などによる信者相手の占術が行なわれるようになったのだ。先進地の都市には占術を生業《なりわい》とする陰陽師も現われていたが、この時代に占術の恩恵を得られていたのは、上流の武士や農民あたりに限られていたとみられる。

しかし、江戸幕府が成立して戦乱がおさまり、経済がめざましく発展すると、農民や町人の地位が向上し、教育の普及によって文字も広まった。この動きの中で木版の暦が大量に刷られるようになる。

暦作りでは、まず幕府の天文方が月の大小、節気《せっき》、日食、月食などの暦の上段をつくった。そしてそれに京都の幸徳井《こうとくい》家が、日の吉凶に関わる暦の中段、下段を加えた。幸徳井家は、朝廷の陰陽師の賀茂《かも》家の流れをくむ家である。そのあと、幕府はこの原稿を京都の暦家《れきけ》の総本家である大経師《だいきょうじ》に渡して、版をつくらせた。

このようにして大量に印刷された暦が、各地の幕府公認の暦屋《こよみや》で売られた。江戸には公認の暦屋が11軒あったという記録がある。

仕事探しや婚姻などの生活上の重要な事柄を前にしたとき、誰もがその可否を予想したくなるものだ。だからいつの時代にも、占術の需要はなくならない。

暦の普及によって暦注の知識が広まったために、誰もが簡単な占いができるようになった。これより少し前の室町時代後半頃から、九星、六輝《ろっき》、空亡《くうぼう》（天中殺《てんちゅうさつ》）などの十二支に絡めた形の、簡単な占術がいくつか見られるようになる。後で紹介するような十二支関連の諺《ことわざ》も、このような占術の普及の中でつくられていった。

十二支の考えから「生類憐みの令」が出された

平和が続いて経済が発展し、人びとが日々の生活を楽しんでいた元禄《げんろく》時代に、突然「生《しょう》類憐《るいあわれ》みの令」という迷惑な法令が出された。それは「犬を大切にせよ」と命じたものだ。

少しあとの文献であるが、18世紀前半頃に書かれた『三王外記《さんのうがいき》』という歴史書（作者不詳。太宰春台《だざいしゅんだい》著とする説が有力である）に、次のような話が書かれている。

五代将軍徳川綱吉の後継ぎとされた、幼い徳松が亡くなった（1682年）。このあと、綱吉の母の桂昌院《けいしょういん》が、大和にいたお気に入りの僧・隆光《りゅうこう》に、綱吉に子授けを願う祈禱《きとう》を行なわせた。ところが、まったく効果はなかった。

「このままでは自分が処罰されるかもしれない」と悩み抜いた隆光は、ふと、うまい計略を思いつく。彼は、かしこまって桂昌院にこう申し上げた。

「公方（将軍）さまにお子さまができないのは、前生で殺生をされた報いであります。しかしあらゆる生き物を大切にし、特に公方さまの生まれ年にちなむ犬を可愛がれば、救われます。公方さまの罪は許されて、良いお子さまを授かるでしょう」

ふつうの人間なら、こんな話を聞いたら怒り出すだろう。しかし桂昌院は、あっさりと隆光の言葉を信じた。いったいなぜか。実は、これには〝伏線〟があった。

桂昌院が京都の町人の娘だったときに、彼女に出会った隆光が、「この娘は必ず偉くなる」と予言したことがある。やがて桂昌院は隆光の言葉どおり、春日局《かすがのつぼね》の引き立てを受けて3代将軍徳川家光《いえみつ》の側室となった。

そして、綱吉の異母兄の4代将軍家綱《いえつな》が亡くなったあと、桂昌院の子の綱吉が5代将軍に立てられた。そのため桂昌院は隆光の言葉をすべて信用して、息子の綱吉に犬を保護するように命じたという。

『三王外記《さんのうがいき》』の記述の真偽は明らかではないが、当事者がすべて亡くなった数十年後に、秘められてきた史実が歴史書に書かれることはよくある。


「犬公方」と同じことをした明朝の皇帝がいた

貞享《じょうきょう》2年（1685）から（年号については異説もある）いくども出された「生類憐みの令」によって、多くの庶民が野犬の横暴に苦しみ、陰で綱吉を「犬公方《くぼう》」と非難した。

綱吉自身は「慈悲の心を広めるために、人びとに犬を保護させる」と唱えていた。しかし、それは「お犬さま」の政策に反対する者への言い訳のように思える。その法は、江戸時代中期の儒学者新井白石《あらいはくせき》が「一禽《きん》一鳥一獣のために人間を極刑にする」と評した悪法だからだ。

隆光は、十二支の戌を象徴する犬を保護して戌の「気」を強めれば、戌年の気を受けた

ブタ（猪）禁止令を出して治世を混乱させた明の正徳帝。

綱吉の生命力が高まると考えたといわれる。しかし本来は、十二支の「戌」は特定の時間の性質を示すものにすぎない。だから犬が増えても、12人に1人の割合で存在する戌年生まれのすべての人間が幸福になるはずはない。

私は、徳川綱吉の時代より200年ほど前の中国の明《みん》朝に、隆光と同じ発想にたってブタ（猪）を保護した皇帝がいたことに注目している。「生類憐みの令」にまつわる研究はいくつも出されているが、これまでにこの先例を指摘したものは見られない。

中国文学者の武田雅哉氏の著書『猪八戒の大冒険』（三省堂刊）によって、この「ブタ（猪）憐みの令（禁猪令）」と呼ぶべき法令を簡単に紹介しておこう。

明の11代皇帝で辛亥《しんがい》の年生まれである正徳帝《しょうとくてい》（朱厚照《しゅこうしょう》、武帝《ぶてい》）は、1519年に、次のような法令を出した。

ブタ（猪）は私の本命（生まれ年の十二支）である上に、明の帝室の「朱《しゅ》」と同じ音の名前の「猪」で呼ばれている。だから今後はブタ（猪）の肉を食べるのを禁止する。故意にこの法に違反する者がいれば、その者とその家族を辺地に送り、一生軍務につかせる。

（李詡《りく》『戒庵老人漫筆《かいあんろうじんまんぴつ》』より）

中国語では、「朱」も「猪」も「チュー」と発音される。この「禁猪令」のために、多くのブタ（猪）が殺されて埋《う》められ、中国でほとんどブタ（猪）が見られなくなったという。正徳帝はブタ（猪）を食べるのを禁じたが、これを保護することはなかったからだ。「禁猪令」を出した正徳帝の治世は、反乱が多発した乱れた時代であった。この混乱の中で、中国人が好んだ食材であるブタ（猪）は絶滅の危機を迎えていたのだ。

「禁猪令」を紹介した武田氏は、その「禁猪令」と「生類憐みの令」との関係について何も触れていない。また、犬を保護せよと勧めた隆光が、「禁猪令」を知っていたことを記す確かな文献はない。

しかし私は、読書家であった徳川綱吉が、何かのはずみで明代の「禁猪令」について記した書物を見たことがあるのではないかとも推測している。中国の「禁猪令」は「お犬さま」と同じく、後世まで語り継がれる衝撃的な事件だったからだ。

もしかしたら、『三王外記』が記すように隆光の勧めではなく、綱吉自身が十二支の発想によって「生類憐みの令」を出させたのかもしれない。

明治維新以後に十二支はさらに広まっていくが、その詳細は次項で説明していこう。

5 「高島易断」がわかりやすい十二支占術を広めた

近代科学とは相容れない陰陽五行説

江戸時代以前に日本人が用いた技術はすべて、陰陽五行説のうえに組み立てられていた。農民や職人の多くが、口伝《くでん》に従って最も良い時間、良い方位を選んで自分の仕事に当たったのだ。

彼らは、刀を鍛《きた》えるには「火」の気の日が良いとか、種播《ま》きは「木」の気の日に行なえといった取り決めを守って物事を行なった。都市計画や建築も、陰陽五行説にもとづく風水の法則に従ってなされた。

このような江戸時代以前の技術は、次のような性格のものだと評価できる。

「あるがままの自然を受け入れたうえで、それに合った加工を加える行為」

しかし日本は、嘉永《かえい》6年（1853）のペリー来航をきっかけに西洋の近代科学にたつ技術を取り入れた。そのため、近代科学の論理に合わない陰陽五行説の発想は、全面的に否定されることになった。

西洋人が持ち込んだ機械文明は、自然の流れに関わりなく物事を進めていく。江戸時代の帆船《はんせん》は思いどおりの風を得なければ進めないが、西洋の汽船は逆風の中でも楽々と航行した。そのため、明治の日本では、科学者と陰陽道の専門家の間で「どちらの理論が正しいか」という科学上の論争はなされなかった。

朱子学者などは、早々に「陰陽道では近代科学に太刀打ちできない」ことに気づいた。このあと、十二支をはじめとする陰陽道の知識は、単純な占術として扱われるようになっていく。

実業家がつくり出した「高島易断」

明治初年に、高島嘉右衛門《かえもん》（1832〜1914年）という有力な実業家が出た。この嘉

十二支など陰陽五行説の知識を占術化し、「高島易断」の祖となった高島嘉右衛門。

右衛門は、陰陽五行説（陰陽道）の占術化の流れをつくった人物と評価できる。

江戸の町の材木商の子に生まれた嘉右衛門は、日本が開国したあと、神奈川海岸の埋め立て、鉄道の敷設、ガス会社の経営などの事業を手広く経営した。横浜に、嘉右衛門が開発したことにちなむ高島町の地名が現在も残っている。彼は伊藤博《ひろ》文《ぶみ》ら有力政治家と広く交わり、明治の近代化を主導した。

事業のかたわら、嘉右衛門は易《えき》に興味をもち、独学で易の研究を進めていく。そして明治10年（1877）、実業界を引退すると易の研究に専念する。

「高島易断」の理論は、平安貴族の安倍《あべ》家、清原《きよはら》家の流れをくむ公家の土御門《つちみかど》家や幸徳井《こうとくい》家の陰陽道と異なる、合理的でわかりやすいものだった。そのため嘉右衛門の占術は、当時の人びとから高い評価を受けた。近代科学にもとづく多くの事業を展開した嘉右衛門は、陰陽五行説を科学ではなく占術として生かす道を探っていたのであろう。

嘉右衛門の子孫は、占業を営まなかった。しかし彼の占術の評判が高かったので、その没後あたりから、嘉右衛門の易学を学んだ「高島易断」と称する占術師が多く出た。「高島易断」の役割を一口でいえば「誰にでも理解できる占術を広めた」ということになるだろう。

「時間の質」をふまえた相場師の十二支の諺

「高島易断」によって、十二支の考えが急速に庶民に知られるようになった。さらに、よりわかりやすい九星占術も「高島易断」の主導で流行した。今でも夏頃から、何種類かの「高島易断」の手法による、「高島暦」の名をもつ翌年1年間の暦書が書店に並ぶ。

これを読めば誰でも、十二支占術や九星占術によったそれなりの運勢判断ができる。しかし陰陽五行説にたって自然界の動きを読むためには、平安時代の「六壬式占《りくじんしきせん》」などの多くの要素を絡めた複雑な計算が必要になる。

十二支占術で、ある日が「吉」とされても、九星占術ではその日が「凶」と出ることもある。だから十二支占術のような一つの要素だけを頼りにした占いは、「当たることもあり、外れることもある」と評価せねばならない。

それでも十二支占術は、江戸時代から近代にかけて急速に人びとの身近なものになっていった。現代でも十二支関連の多くの諺《ことわざ》が散見されるが、それらは十二支占術をわかりやすく伝えるためにつくられたものであろう。

たとえば、株の投資を生業とする相場師の間に、次のような諺が広く知られている。

「辰巳天井《てんじょう》、午尻下がり。未辛抱、申酉騒ぐ。戌は笑い、亥固まる。子は繁栄、丑つまずき。寅千里を走り、卯跳ねる」

辰の年と巳の年には、株価が最も上がるといった予想を記したものである。そしてこれは、次に示すように見事に十二支にもとづく時間の質（図⑨・35頁）に対応している。

万事が成長する時期とされる辰、巳には相場も天井になる可能性もある。そして衰微《すいび》のきざしがみえる午に、相場は下落するかもしれない。万事が熟す未には、じっくり株の動きを見守る辛抱が必要であるらしい。また果実が実るような申酉の時間には、思いもよらない変動があるように思える。

そして万物が枯れる戌の時期には、次の動きの準備のために株価は上がるらしい。しかし種子が生まれる亥の時には、物事は進まず、株はボックス圏でもみ合うとも見られる。ついで生命が萌えはじめる子に上げ相場になり、芽が絡み合う丑の時の相場は厳しいらしい。

しかし、万物が発芽の強い力を発揮する寅に相場はめざましく上昇し、次の草木が地面に広まるような卯に、株価はさらに上がるのだろう。

十二支の時間の質を株価の動向に当てはめれば、このようになるだろう。しかし当然だが、実際の株価がその法則どおりの動きをするとは限らない。

「丙午の女は夫を食う」の根拠とは

「丙午《ひのえうま》の女は夫を食う」という諺もある。

これは十干の丙も、十二支の午も、五行の「火《か》」の「陽《よう》」の気であることからくる。気性の激しい「火」の性質が「陽」、つまり表立って表われる十干と十二支が重なったのが「丙午」である。そのため、丙午の年に生まれた女性は気が強く、男性と衝突しやすいなどという。

天和《てんな》2年（1683）、恋人と逢うために放火未遂事件を起こした八百屋お七が、寛文《かんぶん》6

年（１６６６）の丙午の年の生まれであったとする俗説がある。だから「お七伝説」が芝居などで演じられる中で、丙午を避ける俗信が広まったとする説もある。

丙午の女性を避ける俗信は、近年まで受け継がれた。昭和40年の出生率が約１８２万人であったのに、丙午の年に当たる昭和41年のそれは約１３６万人に減った。そして翌年の昭和42年には、出生率が１９４万人に回復した。

これは、丙午の年に女児を生むことを避けたために、最も近い丙午の年に当たる昭和41年の出生率が、大きく低下したものとみていいだろう。

終章

十二支から日本文化を読み解く

十二支の動物に愛着を持ち続ける日本人

本書では5章にわたって、日本文化と十二支の関係を考察してきた。日本の習俗、信仰、諺《ことわざ》、さらには絵画、文学、郷土玩具（縁起物）などの芸術にも十二支が深く関わってきたことがおわかりいただけたと思う。

ランダムに、十二支関連の事柄を書き並べた本は多い。しかし本書はそこから一歩踏み込んで、日本文化の特性をつかもうとしたものである。読者の方々に十二支を通じて、その背後にある日本の思想や科学の歴史に興味をもっていただければ幸いである。

これまで述べてきたように、江戸時代以前の日本人は、現代の私たちとはまったく異なる科学思想によって生活していた。ところが幕末から西洋の近代科学が広まったために、日本人の自然観は一変した。

自然は、西洋の合理主義の立場にたつ物理学の法則に従って運営されていると考えるようになったのである。そうなる以前の日本人は、陰陽《いんよう》五行説《ごぎょう》という経験科学を通して自然と関わってきた。

そのような陰陽五行説には「時間の性質」や、それに伴う「時間に従って変化する方位の吉凶」といった考えがあった。十二支とは本来は、そういったものを知るための指標であった。神々に収穫を感謝する新嘗祭《にいなめさい》は、必ず十二支の卯《う》の日に行なわれた。かつて寅《とら》の月であった旧暦の正月には、火事除けの猿回しが行なわれていた。

西洋の合理的な発想に馴染んだ者の目で見れば、「時間の性質」という考えは非合理に見える。そのため現在では、多くの日本人が、十二支をはじめとする陰陽五行説を単なる占術として扱っている。

十二支は古くは、時間の性質に合った生活を営むための手がかりとして重んじられていた。最も良い時間を選んで、新嘗祭や猿回しを行なう。そのことが、災いを退《しりぞ》けて福を招く行為になると信じられていたのである。

ところが江戸時代あたりから、「鼠、牛などの十二支の動物自体が縁起の良いもの」とする発想が広まっていった。現代でも、その年の十二支にまつわる縁起物を飾る家は少なくない。

たとえば、仙台市松島にある国宝・五大堂の欄間《らんま》には、十二支の彫り物が見られる。また、山口県防府《ほうふ》市の防府天満宮は正月の期間に限って、「干支の御柱」という地元の彫刻家・林隆雄氏の手になる木彫りの大きな十二支を拝殿正面の参道（表参道）に飾る。このように、十二支を構成する動物たちは、今でも日本人に深く愛されている。

中国人と日本人の文化の違い

古い時代の中国の知識人たちは、十二支の時間などを表わす「子《シ》」「丑《チユウ》」などの漢字と、十二支の動物を示す「鼠」「牛」などの漢字を厳密に区別していた。すでに解説したように、鼠などの漢字は甲骨文字という象形文字をもとに作られていた。

そのことを理解する中国の知識人は、「鼠」などの漢字と鼠などの姿とを、自然な形で結びつけて考えたのであろう。だから彼らは、「子」「丑」などが動物と無関係な漢字であることも知っていた。漢字を使い慣れた彼らは、「丑」の字を見て、それを「紐《ちゆう》（「絡《から》む」の意）」に結びつけ、「寅」の字から「螾《いん》（「動く」の意）」の概念を想像した。

ところが、漢字に馴染んでいない古代日本の知識人は、「鼠」も「子」も鼠を表わす漢字として扱った。

本書の第2章で詳しく記したように、中国人は、十二支を構成する動物をそれほど重んじてこなかった。これは中国の知識人が、十二支を時間の性質を表わす「子」「丑」を抽象的な概念としてとらえてきたことによるものであろう。身の周りにいる鼠、牛などの動物は、時間の性質を表わす十二支とは別物とされたのだ。

これに対して日本人は、十二支の動物のいくつかを神格化した。これは一つには、十二支が日本固有の動物信仰に結びついたことによるものだ。それともう一つは、日本の神社や神仏習合した寺院の関係者が、十二支の中の特定の動物に愛着をもったことからくる。これによって天神さまの神使《しんし》の牛や、護王《ごおう》神社の神使の猪が生まれたのだ。

十二支の扱いに関する、このような中国と日本との違いを知ることは、日本文化の特質をつかむ手掛かりになると思われる。

陰陽五行説から離れてキャラ化する十二支

時代が下がるにつれて、日本の十二支は中国の陰陽五行説から離れていった。その理由として、日本の庶民が複雑で難解な陰陽五行説に馴染めなかった点が挙げられる。

日本人は古くから、難解な外来の文化を単純化して取り込んできた。わかりにくいものに深入りするのを、意図的に避けてきたのである。その部分を深めていけば、独自の科学的思考にいたったかもしれないのに「難しいことは避けるのがよい」と考えたのだ。複雑な論理で他人を説得しようとする者は、人々に嫌われた。

日本の文化は相手の気持ちを思いやり、それを理解しようと努める「やまと心」の上につくられた。日本人は精霊崇拝（神道）の考えにたって、自然物も自分たちの仲間と考え、十二支を擬人化したキャラクターをつくった。江戸時代以降、十二支のキャラクター化が急速に進んでいる。

まず浮世絵師の葛飾北斎《かつしかほくさい》や歌川国芳《くによし》が、愛らしい十二支の動物の版画を広めた。歌舞伎にも『義経千本桜《よしつねせんぼんざくら》』の狐のような神使の動物が登場し、縁起物の郷土玩具も作られた。このようにして、江戸時代頃から十二支の動物は人びとの身近なものになっていったのだ。

そのため日本では、わかりやすい生まれ年の十二支にまつわる性格診断と、それにもとづく相性診断だけが広まることになった。

十二支の相性診断は、次のようにきわめて単純なものであった。

「水気の子《ね》年生まれの人は『土剋水《どこくすい》』『水剋火《すいこくか》』の理論で、土気の辰《たつ》、戌《いぬ》、丑《うし》、未《ひつじ》と火気の巳《み》、午《うま》の人と相性が悪い。そして『金生水《きんしょうすい》』『水生木《すいしょうもく》』によって、金気の申《さる》、酉《とり》と木気の寅《とら》、卯《う》の人と良い関係になる」（図⑰・50頁）

概念的・抽象的なものをわかりやすくするためにキャラクター化する、というのは日本人の特性の一つなのであろう。二本足で歩く熊の姿で熊本を表わす「くまもん」のような地方自治体をキャラクター化した「ゆるキャラ」なども、その延長上のように思える。

干支から見えてくる日本文化の特質

古くから日本人は、外国の難解な文化を上手に日本化して取り込んできた。本来は中国の十二支関連の習俗であった羽根つき、猿回し、春駒なども、日本的思考が入り込んだ日本流のものに変えられている。

日本人は中国語を表記する漢字を上手に受け入れて、やまと言葉を表記する日本漢文や平仮名、片仮名をつくった。仏教は神仏習合して、現世利益をもたらす日本風の仏教を生み出した。多神教である神道は、弁財天、大黒天などの異国の神々も日本の神々の中の一柱として受け入れた。日本文化はすぐれた雑種文化なのである。

明治時代に日本が近代化していく中で、十二支のもとになった「時間に性質がある」とする陰陽五行説の考えは後退した。

それは、最良の時間を選んで丁寧に手作りされたものより、工場で大量生産された均一で安価な品物のほうが好まれるようになっていったことと無関係ではあるまい。

近代科学の手法で、これまで紹介してきたような十二支で説かれる時間の質の変化を証明することは、まず不可能である。それゆえ私たちは先人にならって、十二支占術の有用な部分はうまく利用するが、そうでないものには深入りしないように努めるのがよい。

とはいえ、十二支などの陰陽道が、江戸時代以前の日本に多様な文化を生み出してきたことは事実である。私たちは十二支などを「非科学的なもの」と退《しりぞ》けるのではなく、それらと上手に関わっていく必要があるだろう。

日本人にとって干支とは何か

2020年11月20日　初版印刷
2020年11月30日　初版発行

著者◉武光 誠

企画・編集◉株式会社夢の設計社
東京都新宿区山吹町261　〒162-0801
電話 (03)3267-7851(編集)

発行者◉小野寺優

発行所◉株式会社河出書房新社
東京都渋谷区千駄ヶ谷2-32-2　〒151-0051
電話 (03)3404-1201(営業)
http://www.kawade.co.jp/

DTP◉アルファヴィル

印刷・製本◉中央精版印刷株式会社

Printed in Japan　ISBN978-4-309-50415-5